FÅ DEM TIL Å TRO DET

Tom Arild Fjeld

Copyright © 2017 by **Tom Arild Fjeld**

Forord av Tom Arild Fjeld

Det viktigste for en Kristen, som deler det han mener han står for til andre. Er at han tror det han sier og betjener sine medmennesker med. Hvis en ikke tror det man står for, er det kun en religiøs utøvelse man har. Når du kommer frem som vitnet, skal mennesker kunne se på deg og oppleve troen på det du forkynner strømmer ut av deg.

Det jeg gir i denne boken er mine erfaringer på Guds Ord på dette området. Jeg ønsker boken skal være en instruksjonsbok, en treningsbok og en veiledningsbok for deg. Jeg vil det skal være en bok, som lærer deg å leve med troens smittende effekt. Jeg vil at du skal få alle dine tilhørere til å tro alt du proklamerer.

Når Guds Ords overbevisning lever sterkt i deg, vil du automatisk proklamere det med kraft og tyngde. Mennesker ser du tror det og det vil smitte over på tilhørerne. Du får dem til å tro det samme som du tror.

Guds handlingsplan for deg

De absolutte virkelighetene for en gjenfødt, overgitte, lydig, troende på Kristus.

Bibelsk evangelisering
Dette er den bibelske måten evangelisere på, det finnes ingen annen. Kles drakten rundt evangeliseringen kan være forskjellig., men kjernen og budskap er kun en ting, Jesu Kristi forsoningsverk på Golgata. Det er det jeg viser ut ifra Bibelen her.

Musikk i bruk i evangelisering
Den vil også være helt feil, hvis den ikke har det ekspansive kjerne budskapet i seg i sang proklamasjonen. Det skal være seiers musikk, krigs musikk som er åndelig. Er det ikke det, er det kun religiøs musikk (livløst), det samme som tale uten det ekspansive kjerne budskapet i seg.

Åndelighet
Åndelighet kan ikke fremprovoseres eller «lates» som en har. Er du åndelig i Kristus, vil det være en automatisk autoritet i ditt liv som oppdages av alle, selv om de ikke vet hva det er. Du vil

alltid bli avslørt, det vil synes på og ut av deg om du er religiøs eller en åndelig troende på Jesus. En som lever et overgitt og innvidd liv igjennom Bibelen til Jesus.

Et kjerne vers i denne sammenheng er:

«Jesus sa: Dersom dere blir i meg, og mine ord blir i dere, da be om hva dere vil, og dere skal få det.» (Joh. 15, 7)

Kristi befaling til oss alle – Misjons befalingen – Evangeliserings befalingen

«Og Jesus sa til disiplene: Gå ut i all verden (Kosmos, Gresk og Hebraisk) og forkynn evangeliet for all skapningen! Den som tror og blir døpt skal bli frelst (reddet; men den som ikke tror, skal bli fordømt. Og disse tegn skal følge dem som tyror, I mitt navn skal de drive ut onde ånder. De skal tale med tunger. De skal ta slanger i hendene, og om de drikke dødelig gift, skal det ikke skade dem. På syke skal de legge sine hender, og de skal bli helbredet.»
(Mark 16, 15 -18)

«Da Jesus var sammen med dem, bød han dem at de ikke skulle forlate Jerusalem, men vente på det som Faderen hadde lovt, det som, sa han, dere har hørt av meg.

For Johannes døpte med vann, men dere skal bli døpt med Den Hellige Ånd ikke mange dager heretter.

Dere skal få kraft (Guddommelig kraft i bevegelse) i det Den Hellige Ånd kommer over dere. Og dere skal være mine vitner (Martyrer, Gresk – bevisprodusenter, norsk) både i Jerusalem og i hele Judea og Samaria og like til jordens ender (de ytterste og bortgjemte områder).

Da han hadde sagt dette, ble han løftet opp mens de så på, og en sky tok ham bort fra deres øyne.» (Apg. 1,4-5 og 8-9)

«Så ble den Herre Jesus, etter han hadde talt dette til dem, opptatt til himmelen, og satte seg ved Guds høyre hånd.

Men disiplene gikk og forkynte overalt. Og Herren virket med og stadfestet Ordet (Jesu Kristi verk på Golgata, Bibelens løfter og befalinger) ved de tegn som fulgte med.« (Mark 16,19-20)

"Disiplene spurte Jesus: hva skal vi gjøre for å gjøre Guds gjerninger?
Jesus svarte og sa til dem: Dette er Guds gjerning at dere skal tro på den Gud har utsendt."
(Joh. 6, 28 – 29)

Vårt kall fra himmelen, er og tro på Kristus å adlyde Ham. Gjør vi det vil vår tro og utøvelse av hans vilje øke med styrke og kraft i våre liv som han vil.

De absolutte virkelighetene for en gjenfødt, overgitte, lydig, troende på Kristus

Kristi befaling til oss alle – Misjons befalingen – Evangeliserings befalingen

«Og Jesus sa til disiplene: Gå ut i all verden (Kosmos, Gresk og Hebraisk) og forkynn evangeliet for all skapningen!

Den som tror og blir døpt skal bli frelst (reddet; men den som ikke tror, skal bli fordømt.

Og disse tegn skal følge dem som tyror, I mitt navn skal de drive ut onde ånder. De skal tale med tunger.

De skal ta slanger i hendene, og om de drikke dødelig gift, skal det ikke skade dem. På syke skal de legge sine hender, og de skal bli helbredet.» (Mark 16, 15 -18)

«Da Jesus var sammen med dem, bød han dem at de ikke skulle forlate Jerusalem, men vente på det som Faderen hadde lovt, det som, sa han, dere har hørt av meg.

For Johannes døpte med vann, men dere skal bli døpt med Den Hellige Ånd ikke mange dager heretter.

Dere skal få kraft (Guddommelig kraft i bevegelse) i det Den Hellige Ånd kommer over dere. Og dere skal være mine vitner (Martyrer, Gresk – bevisprodusenter, norsk) både i Jerusalem og i hele Judea og Samaria og like til jordens ender (de ytterste og bortgjemte områder).

Da han hadde sagt dette, ble han løftet opp mens de så på, og en sky tok ham bort fra deres øyne.» (Apg. 1,4-5 og 8-9)

«Så ble den Herre Jesus, etter han hadde talt dette til dem, opptatt til himmelen, og satte seg ved Guds høyre hånd.

Men disiplene gikk og forkynte overalt. Og Herren virket med og stadfestet Ordet (Jesu Kristi verk på Golgata, Bibelens løfter og befalinger) ved de tegn som fulgte med.« (Mark 16,19-20)

"Disiplene spurte Jesus: hva skal vi gjøre for å gjøre Guds gjerninger?
Jesus svarte og sa til dem: Dette er Guds gjerning at dere skal tro på den Gud har utsendt."
(Joh. 6, 28 – 29)

Vårt kall fra himmelen, er og tro på Kristus å adlyde Ham. Gjør vi det vil vår tro og utøvelse av hans vilje øke med styrke og kraft i våre liv som han vil.

Du er et sendebud fra Gud i Kristi sted med kraft

«Så er vi da sendebud i Kristi sted, som om Gud selv formante ved oss. Vi ber i Kristi sted: La dere forlike med Gud.» (2 Kor 5, 20)

«Jeg vil gjøre deg til et lys for hedningefolkene, for at min frelse må til jordens ende.» (Jes.49, 6)

«For vi vet at alle ting samvirker til gode for dem som elsker Gud, dem som etter hans råd er kalt.« (Rom. 8, 28)

«For hver den som påkaller Herrens navn skal bli frelst.
Men hvordan kan de påkalle en som de ikke har kommet til tro på? Og hvordan kan de tro på en de ikke har hørt om? Og hvordan kan de høre uten at det er noen som forkynner?
Og hvordan kan de forkynne, uten at de blir utsendt» Som skrevet står: Hvor fagre deres føtter er som bringer fred, som bringer et godt budskap! (Rom. 10, 13-15)

Du har blitt alt gitt i Kristus – Det er Kristi befaling til deg å bringe det ut levende med Den Hellige Ånds kraft.

Forord av Morris Cerullo

Det er med stor ydmykhet og jeg anser det som en stor ære, i å skrive dette forordet. Pastor Tom er kvintessensen leder; en mann etter Guds hjerte, en mann med en stor kall, en mann full av Guds ord og kraft, en stor forbeder og en trofast soldat for Kristus.

Hans bøker ble født ut av en guddommelig inspirert ånd dypt forankret i de hellige skrifter, Bibelen, Guds ord. En del av djevelens strategi, er at han vil få oss til å leve et blodfattig liv i nederlag, ved daglig å forsømme studie av Guds Ord. Det er derfor Gud har lagt i Pastor Tom disse store ord, for å hjelpe Hans barn til mer kunnskap om Ham og hans rike.

Kraften kommer fra hva du vet og hvordan du kan bruke det du vet, for å hjelpe deg, i å åpne opp åpenbaring, veiledning og inspirasjon av Den Hellige Ånd. Følg Pastor Tom idet han tar deg med på åndelige trenings økter, på det åndelige trenings studioet.

Du vil bli oppmuntret til å tro Gud for det umulige.

Disse bøkene er et "must" for enhver troende som har et uoverstigelig ønske om å flytte og bo på neste nivå. Du kommer til å få deg en oppvekker, til å dykke dypere inn i det som er av Gud.

Pastor. Dr. Morris Cerullo

INNHOLD

En verden i opprør 1
Hva med alle religioner...6
De vet ikke hva de skal tro..9
Gi dem tro på det du tror...15
Du kan aldri gi mer enn det du har mottatt selv....................28
Hva forstår jeg?...36
Selg din tro – selg den ikke billig, men overbevisende 42
Hva har jeg mottatt 47
NB! NB! Vær mer enn overbevist i det du tror 64
Du er Guds stemme til verden 72
Guds mirakelgave til verden...84
Mirakler er for verden...100
Rør ved verdens hjerter...112
Du er Guds stemme til verden 122
" Mirakel tro" krever handling..134
Gi liv og tal åpenbaring 151
Bryt løs – Herren følger deg opp 158
Klar til å ta verden 169
Fri – til å sette verden fri...173
Få verden til å tro budskapet og den vil ha det 182
Du er kjærlighetens budbringer 191
Elsk din neste som deg selv 200
Tro, håp og kjærlighet...209
Vinden av den nye type vinnere...223
Refleksjon 232
Tidligere utgitte bøker av Tom Arild Fjeld 233

1

En verden i opprør

Se deg rundt i verden, hva skriver media om, hva viser media på tv. Det er ingenting annet enn uro, opprør, krig, terror og drap i alle varianter. Menneskets sinn har blitt overfylt av Satans tanker. Menneskeheten har tatt til seg Satans tanker som sine egne og identifiserer seg med dem. Dette har bombardert oss siden vi var små barn i alle sine varianter.

Tror Satans tanker/ord
Mennesket tror Satans tanker og ideer er deres egne tanker og ideer.
Dette er et område ukjent for de aller fleste mennesker. For et naturlig ikke gjenfødt menneske er dette et område uoppnåelig.
De gjenfødte har muligheten til å få den kjennskapen de måtte ha behov for i den åndelige verden.

Mennesket griper en av Satans tankene som kommer til dem, og tror den sterkt. De handler på den, de setter den i funksjon i sitt liv. Tanker i deres sinn blir en realitet iden fysiske verden.

Det virker
Tro i handling på Satans ord virker.
Menneskeheten har skapt sin egen verden igjennom åndelige tanker og ord. Enhver tanke gir en følelse og enhver følelse gir en tanke. Enhver følelse gjøres om til ord i et menneskes hjerne. Åndelige ord har fått frem alt det vi ser rundt oss. Menneskeheten har bygd sin egen verden på jorden av tanker fra den åndelige verden.

Alt er styrt av de tanker du tar imot
Enhver religion, enhver terror organisasjon, enhver politisk ledelse, ja alt vi ser på jorden, er et resultat av tanker. Satan gir forskjellige tanker helt bevisst til forskjellige mennesker, for å sette folkeslag og nasjoner imot hverandre. Mennesket er som hjelpeløse" marionetter i Satans tanker".

Hjelpeløse offer.

Mennesket på jorden, tror at alle tanker som kommer til dem er deres eget produkt.
De arbeider ut ifra sine tanker i alt de gjør. De tenker ikke over at tanker må komme fra et sted. De tenker at de bare er der, de bare kommer. Mennesket tror ideer, nye vinninger, oppfinnelser, de tror alt bare ligger der i hjernen. Det tror det er bare slik det er.

Tenk deg å bli forført på den måten
Tror du at, slik er det bare, så er du fanget i Satans tanker, uten å vite det. Mange har også fått tanken som forteller dem, Satan finne ikke. Dette tror de også sterkt. Det at gud ikke finnes tror de enda sterkere. Hva er du da har igjen? Du har igjen deg selv, et hjelpeløst offer på planeten jorden, uten håp og fremtid. Du har virkelig blitt et hjelpeløst offer. Du er på denne planeten som svever i verdensrommet. Du har ingen mulighet til å hoppe av. Du må bli på denne planeten til du dør. Og hva da?

Adam og Evas valg
Gud ga dem deres egen frie vilje. Gud er kjærlighet, han ville de skulle velge selv om de

ville adlyde ham. Ved første bruk av den frie vilje, brøt de med Guds befaling, guds lov.
Det eneste de hadde igjen etter syndefallet var viljen til å velge. Men nå kunne de ikke rette opp det de hadde valgt feil. Nå var de ute i en syndig verden, en verden som hadde brutt Guds befaling til dem.

Din kjærlighcts gave fra Gud
Det eneste Gud gav Adam og Eva, var den frie viljen. Med den viljen klarte de å være forløpere til en verden i "ragnarok" som vi ser i dag. Viljen har vi fremdeles, nå gjelder det å velge rett, velge Kristus som Herre.

Forherdelsen går sin gang
"En mann som er ofte straffet og allikevel gjør sin nakke stiv, vil i et øyeblikk bli sønderbrutt, og der er ingen legedom." (Fork 29, 1)

Er det dette du vil ha?
Hør på dette:

" Og den fjerde engel tømte sin skål ut på solen; og den fikk makt til å brenne mennesker med ild; Og menneskene brente i svær hete og de spottet

Guds navn, han som har mak tover disse plager, og de omvendte seg ikke til å gi ham ære. Og den femte engel tømte sin skål ut over dyrets trone; og dets rike ble formørket, og de tygget sine tunger i pine, og de spottet himmelens Gud for sine piner og for sine byller, og omvendte seg ikke fra sine gjerninger." (Åp 16, 8 – 11)

Er det så langt du vil det skal gå, det er ikke nødvendig. Legg ned din stolthet. Erkjenn Gud Jehova, den selveksisterende som åpenbarer seg og er evig. Skaperen av alle ting, ydmyk deg for Ham. Velsignelsen vil bli deg til del i Ham. Du vil få et lykkelig liv.

Sitter du i skrustikka?
Er du i den vestlige" opplyste" verden, en av de som fornekter enhver ting du ikke kan forholde deg til på jorden, tror du kun på det fysiske, er du en evolusjonist. Som har falt i egenrettferdighet og stolthetens snare.
Eller er du en iblant de mange verdens religioner, som hele ditt liv har søkt mening med livet. Du har kanskje gjort det gjennom underkastelse av religioner eller filosofier, men svaret og tilfredsheten har uteblitt.

2

Hva med alle religioner

Vi har jo guder i alle våre religioner.
Ja det er guder i alle religioner, mennesker har alltid opplevd å ha behov for noe som er deres trygghet, gud eller ikke gud. Dette har vært en virkelighet helt siden Adam og Eva.
Når tryggheten kommer ens vei, gripes den. Vi griper den trygghet vi kan finne og beholder den. **Det er ikke så farlig hva det er, bare det er trygghet.**

Leter du, så finner du.
Leter du etter trygghet, så finner du trygghet. Enten den er sann eller falsk. Det er ikke det viktigste, i hvert fall ikke til å begynne med. Etter hvert oppleves det kanskje at tryggheten forlanger gjentjenester. Da er det ikke så hyggelig lenger.

Det er det samme i religioner og politikk

Politikken søker løsninger og fred, religioner søker løsninger og fred.

Hør hva Bibelen sier:

Med synd, finnes ingen fred

" det er intet friskt i mitt kjøtt for din vredes skyld, det er ingen fred i mine ben for min synds skyld." (Salme 38, 4)

" Det er ingen fred sier Herren, for den ugudelige." (Jes 48, 22)

Ser du – arvesynden henger på som en magnet, den slipper deg ikke.

Arvesyndens tragedie er med oss enn i dag
Menneskeheten fikk en lite hyggelig framdrift i livet og generasjonene etter Adam og Eva. Fra den dagen arvesynden ble en realitet. Mennesket har alltid gjort alt i sin makt for å få fred, det er fred mennesker vil ha, men har alltid vært vanskelig å oppnå som en permanent virkelighet.

I tidens fylde
Hør igjen hva Bibelen sier. Hør Guds røst som taler om gjenopprettelse fra syndens slaveri og fangenskap skal komme i tidens fylde.

" Han skal tale fred til hedningene,

For ditt paktsblods skyld, vil jeg også fri dine fanger ut av brønnen som det ikke er vann i."
(Sak 9, 10 – 11)

" Dersom du ikke hører på din Guds røst, så du akter vel på å holde alle hans bud og hans lover, som jeg gir deg i dag, da skal alle disse forbannelser omme over deg og nå deg;"
(5 Mos 28, 15)

" forbannelsen skal følge deg, til du går til grunne." (5 Mos, 28, 22)

Les hele kapittelet. De første 14 ves er om Guds rike velsignelse, de neste vers til og med vers68, er om forbannelsen.

Frigjørelsens dag, fra forbannelsens tortur kommer.

3

De vet ikke hva de skal tro

De første generasjoner av mennesker på jorden. Tenk hvilken vanskelig situasjon det var i. Historien om Adam, Eva, Edens hage og syndefallet, ble fortalt fra generasjon til generasjon.

Tenk deg hvilken sorg der var
Vakuumet om fallet og tapet av herligheten og overfloden av alt som godt er, lå for mennesket i" luften". Toget hadde gått fra dem.

Rett ut av Guds plan
Allerede de første mennesker hadde gått rett ut av en Guds fantastiske plan. Ensomheten tynget, de levde i uvitenhet om hvordan ting skulle gå. Frykten lå og trykket, de føler seg alene på jorden., de lengtet etter det som kunne ha vært, det de hørte om.

Fryktens ånd i sine mange forskjellige styrkegrader kom og ledet veien

Frykten kommer ikke først og fremst og skremmer livet av deg. Den kommer forsiktig og sier noe som det her:" Du trenger nok å finne deg noe som kan hjelpe deg litt".
En ufarlig røst, det høres ut som en hjelpsom mild uttalelse, men den bitte lille frykten er underliggende. Det er Satan som legger opp livets løp for deg med frykt.

Naturreligionen
Mennesker i naturreligionen, gjorde som sine forfedre, de tok seg pent av og ofret til det som ga deg husly og mat. De forsto det var viktig å ta vare på det som ga dem det de trenger for å leve. De var redde, ja de var redde for at de ikke skulle få sitt dagelige brød. Dette førte til at mennesket begynte å tilfresstille sine avguder. Slik er naturreligionen i mange deler av verden i dag som den alltid har vært, frykten ligger på lur.

Vestens mennesker
Når mennesker i vesten hører om mulig nedleggelser av bedrifter, får mange problemer med frykt. Når en familie medlem blir sykt, påvirker

sykdommen hele familien. Hva skjer nå? bli han frisk igjen? Frykten ligger i bunnen, i forskjellig styrke og varianter hele veien, den slår til der den får en mulighet.

Neste skritt tilbedelse
Naturreligion
Når vi ser på naturreligionen, ser vi at fryktens inntog har ført videre til tilbedelse. I situasjonen av tilbedelse, ser vi at forfedrene på et punkt begynte å oppleve kontakt i den åndelige verden. Dette begynte de å oppleve fordi de åpnet sitt indre menneske ubevisst for det ukjente.
Da de begynte å" hengi" seg til det som ga dem det daglige brød. Så demonene muligheten til å komme på scenen. Natur menneskene trodde gud som redningen, hadde kommet til dem.

Nå vokste naturreligionen fram.
I dens fotspor vokste andre helt nye religioner frem, noen ble verdens religioner. Fryktens ånd ledet dette målbevisst framover. Nå ble religionene "livet" for mange nasjoner. Satan hadde fått mennesket ditt han vill ha de.
Politikere kom på banen, men egoismen var i høysetet, de tenkte mer på seg selv enn folket de

var satt til å tjene. Slik har det bare fortsatt i århundrene fremover.

Vestens avguder

Vesten, den kristne delen av verden, har sitt eget mangfold av avguder. Det virker selvfølgelig ikke som det er avguder, men det er avguder. Vesten tror ikke på avguder, de sier det bare er fantasi og eventyr. Demoner, Satan og Gud finnes ikke. Så langt har det kommet i den" kristne delen av verden". Uansett, sin egen variant av tilbedelse av avguder har vesten.
Her er noen eksempler. Slik som jeg ser det, er hovedavguden den generelle

Materialismen

materialismen. Under det begrepet har vi begjæret til å eie mest mulig. Det være seg hus, eiendommer, biler, båter, mat, klær.

Egoismen

Seg selv," jeg" som avgud, egoismen, er også meget høyt på listen i dag. De kristne har også disse avgudene. Dette er erstatninger for det du burde hatt, nemlig et levende felleskap med din skaper. Mennesket trenger å bli "født på ny", og få den sanne Gud inn i sitt liv.

Da Kristus kom, ble det satt en ny dagsorden på verdens almanakken

Fred med Gud
Gud åpenbarte seg med sitt forløsende navn, Jehova Shalom,

" Herren vår **fred**" (Dom 6, 22 – 24)

Guds freds forløsende velsignelse.
Kristus kom og betalte på våre vegne for arvesynden.

" straffen lå på ham, Kristus for at vi skulle ha **fred**," (Jes 53, 5)

" Han gjorde **fred** ved sitt blod på korset" (Koll 1, 20)

Jesus Kristus erklærte oss ikke skyldige
Han gjorde det forløsende verket for hver den som vil tro det.

Kristus frifant oss.

Hør:
" Så meget mer skal vi da, etter vi nå er rettferdiggjort ved hans blod, ved ham bli frelst fra verden." (Rom 5, 9)

" For liksom de mange er blitt syndere ved den ene menneskes ulydighet, skal også de mange bli rettferdige ved den enes lydighet." (Rom 5, 19)

Dette er hva Bibelen kaller" fredens **evangelium"**

" Hvor fagre deres føtter er som **forkynner fred,** som bærer godt budskap." (Rom 10, 15)

4

Gi dem tro på det du tror

Når du forklarer disse sannheter, og folk tar imot Jesus Kristus som sin frelser, kommer faktisk Kristus Jesus inn i deres liv ved den Hellige Ånd, ved Guds Ånd. Det er en underlig opplevelse, men det her sant.

Født en gang til
Jesu Kristi fred blir din fred, Jesu Kristi liv blir ditt liv

" For hvem Gud ville kunngjøre hvor rik på herlighet denne hemmelighet er blant hedningene, Kristus iblant dem, håpet om herlighet." (Koll 1, 27)

Gud satte i gang frelsesplanen på våre vegne
Gud visste at dersom menneskene fikk vite hvilken pris hans sønn betalte for deres frelse, ville de gi gjensvar. De ville bli like ivrige etter å

få fred med Ham, som Han er på å få dem nær til seg.
Hør på disse Bibel vers, de vil bli åpnet for deg nå:

" da han, Jesus ikke ville at noen skulle fortapes, men at alle skulle komme til omvendelse."
(2 Peter 3, 9)

Kristus gjorde i stand en mulighetenes vei for oss, så vi ikke skulle gå fortapt. Han vil frikjøpe oss fra Satans slaveri og gjenopprette oss til den tilstanden han hadde skapt oss til å leve i. Slik at Kristi fred kunne regjere i vårt indre menneske.

Gud ofret sin egen sønn, for å få denne oppgaven utført.

" For så har Gud elsket verden at han ga sin sønn den enbårne, for at hver den som tror på ham, ikke skal fortapes, men ha evig liv." (Joh 3, 16)

Gud selv kom ned til jorden, men i sin sønns legeme.

Jesus Kristus tok all din synd på seg

" Han som ikke visste av synd, Jesus Kristus, ble gjort til synd for oss, for at vi i Ham skal bli Guds rettferdige." (2 Kor 5, 21)

Han som var uskyldig, gjorde seg skyldig for deg. Han tok din skyld på seg, han tok på seg dine overtredelser. Derfor vil ingen overtredelser bli overgitt til oss. Når han tok de, trenger ikke du lenger ha de.

" Paulus sier: Dere har han nå forlikt i hans jordiske legeme ved døden, for å fremstille dere hellige og ulastelige og ustraffelige for sitt åsyn," (Koll 1, 22)

Frihet fra synd gjør deg levende

" Også dere som var døde ved deres overtredelser og deres kjøtts forhud (her er både joder og hedninger medregnet), dere gjorde han levende med ham, idet han tilgav oss alle våre synder.

Utslettet skyldbrevet
Og utslettet skyldbrevet mot oss, som var skrevet med bud, det tok bort idet han naglet det til korset.

Han avvæpnet maktene og myndighetene og stilte dem åpenlyst til skue, idet han vist seg som seieres Herre over dem på korset."
(Koll 2, 13 – 15)

" Men nå, i Kristus Jesus, er dere som fordum var langt borte, kommet nær til ved Kristi blod."
(Ef 2, 13)

" Straffen for vår fred ble lagt på Ham"
(Jes 53, 5)

" Så meget mer skal vi da, etter at vi nå er rettferdiggjort ved Jesu blod, ved ham bli frelst fra verden." (Rom 5, 9)

Våre synder eksisterer ikke lenger – syndens merke er borte
Og ved Ham, Jesus, forlikte han alle ting med seg, han tok våre synder på seg, Jesus gjorde seg lik med dine og mine synder, for at vi skulle

slippe å ha de lenger. Du skulle slippe å bære syndens merke på deg lenger.

I himmelen
Dere har han nå forlikt i hans jordiske legeme ved døden, for å fremstille dere hellige og ulastelige og ustraffelige for sitt åsyn."
(Koll 1, 19 - 20, 22)

Frelsens innhold
Du trenger ikke lenger være redd for dom over tidligere synder. Jesus tok vår straff på seg. Vår fortid er en gjeld som er gjort opp, den er betalt for. Den er visket ut fra vårt rulleblad.
Dette er frelsens innhold, dette er sannheten som skaper fred.
Det følgende er hva du må gjøre, du må gjøre din del av avtalen.

Omvend dere og tro evangeliet
Når du kommer til Kristus med ditt liv og snur om, omvender deg, fra ditt tidligere liv. Fra ditt tidligere livs synder, du omvender deg til Kristus. Du legger alt det gamle bak deg.
Nå vil du leve med Jesus som Herre i ditt liv. Du vil tro Ham og følge Ham. Gjør du dette seriøst,

tar han deg imot med åpne armer og gir deg et helt nytt liv.
Du blir født på ny, du blir en ny skapning, du blir frelst.
Syndens og ondskapens lov kan ikke lenger kontrollere oss. Du har kommet inn i felleskap med Gud. Han er nå blitt din fred. Dette er noe du vil oppleve helt konkret. Et helt nytt liv i deg begynner, du er ikke lenger den samme. Legemet ditt og personligheten din er den samme, men ditt egentlige jeg, din ånd er helt ny. Den er syndfri, slik Adam og Eva sin ånd var før syndefallet i Edens Hage.

" Jesus kom med Guds evangelium og sa:

Tiden er fullkommen, og Guds rike er kommet nær; omvend dere, og tro evangeliet!"
(Mark 1, 14 – 15)

Hvilken mulighet, et helt nytt liv

Gi dem tro
Gi dem tro på det du tror. Tror du det sterkt er du full av inspirasjon, overbevisning kraft og troens energi. Nå kan du stå på og proklamere evan-

geliet levende til de som hører på deg. Ja, som en gjenfødt som ønsker av hele seg å formidle Jesu Kristi frelses budskap til andre, sørg for at du tror det kjempe sterkt. Hvis ikke virker det ikke.

Proklamerende stil med overbevisningens kraft
Gud vil du skal stå frem å forklare disse sannheter i en proklamerende stil med overbevisningens kraft. Da vil du forklare det nærmest poetisk. Gjør du det, vil mennesker tro det og ta imot det. De vil juble av glede og klappe av overbevisende begeistring.
Gud har gjort det lett for oss å gjøre dette, hvis vi bare kommer i denne posisjonen jeg snakker om.

Grunnlaget for mottaket av nådens budskap er tilrettelagt av Gud
Jeg var på en korstogs runde i Asia. Jeg hadde vært i Singapore og Malaysia. Nå var jeg på vei videre til Sri Lanka på Indias syd-spiss. Jeg hadde kommet til byen Gall. Jeg lå på gressplenen på formiddagen, utenfor der jeg bodde. Jeg forberedte meg til møtet på kvelden.

Plutselig i en åpenbaring fra Gud, forsto jeg hva Forkynneren 3, 11 mente.

"Alt har han gjort skjønt i sin tid, også evigheten har han lagt i deres hjerte, men således at mennesket ikke til fulle kan forstå det verk Gud har gjort, fra begynnelsen til enden." (Fork 3, 11)

Gjenkjennelses faktor
En del av evigheten er i alle mennesker på jorden, det var det jeg nå forsto. Det igjen gjorde at jeg forsto, at når jeg forklarte, proklamerte evangeliet om Jesus Kristus sterk i troen. Så ville den Hellige Ånd som jeg da forklarte og proklamerte i, bli gjenkjent av evigheten i menneskenes hjerter. Den Ånden i meg traff da evighetens gjenkjennende faktor i deres hjerte. De vil kjenne at det som blir proklamert er behagelig og riktig for dem. De blir på en overbevisende måte trukket til det. De kjenner det er frigjørende og gledefylt.
Videre fikk jeg et ord til fra Bibelen som viderefører dette ordet. Det er fra Paulus sitt brev til Efeserne. La oss se på det.

" For av nåde er dere frelst, ved tro, og det er ikke av dere selv, det er en Guds gave," (Ef 2, 8)

Du kan ikke fjerne det, det er en del av deg
Vi hadde ikke vårt i stand til å tro på frelsens og frelsens budskap av oss selv. Derfor har Gud lagt denne troen som fører oss til frelsens punkt i vårt indre. Det betyr at dette troens mulighet er i alle mennesker, uansett hvem du er. Gud har lagt det der fra du ble født. Du kan ikke fjerne det, det er en del av deg.

Mannen som dro seg langs bakken, Sri Lanka
Jeg hadde korstoget på Sri lanka med stor suksess for Guds rike.
Jeg glemmer ikke den mannen som ikke kunne gå. Jeg så han ute på gaten før første møtet skulle begynne.
Han hadde ikke noen hjelpemidler, ikke engang en ei hjemmelagd rulle plate som noen brukte.
Han dro seg bortover på bakken med armene.
Hele den ene siden av kroppen, spesielt låret, var med tykk hud som av lær.
Da jeg sto og lærte budskapet om Jesus første kvelden, så jeg plutselig en mann stå ved tauene rundt plattformen og smilte. Det var mannen

som hadde dratt seg langs bakken. Kristus hadde helbredet ham i møtet, der sto han med sitt store smil. Hvilket fantastisk øyeblikk.

Fengselet
Det var et fengsel med 500 fanger i Gall, byen hvor møtene skulle holdes. Jeg ble spurt om å komme ditt og fortelle om Jesus. Da jeg ankom sammen med vennene fra Australia, som var misjonærer på Sri Lanka. Slapp de alle fangene ut i den store fange/luftegården. Fangevokterne sto bak og fulgte med. Jeg proklamerte budskapet til stor jubel og glede. Fangene smilte fra øre til øre, de klappet og jublet. De trodde hvert et ord jeg sa. Alle fangene var i utgangspunktet Buddhister.

Hvordan ser fangene og alle andre mennesker Kristus? De ser Kristus i deg og meg
Gud Jehova vandrer ikke lenger på jorden i sin sønns fysiske legeme. Kristus sitter nå ved Faderes høyre hånd i det himmelske.

" Vi har en sådan yppersteprest som satte seg ved høyre side av Majestetenes trone i himlene," (Heb 8, 1)

" Kristus er den som er død, ja mer enn det, som også er oppstanden, som også er ved Guds høyre hånd, som også går i forbønn for oss;"
(Rom 8, 34)

Ditt liv er et vitnesbyrd (bevis)
Nå vandrer Gud rundt og viser seg fram i sin Ånd, den Hellige Ånd i Kristus i deg samtidig som han er i det himmelske. Det er alt Guddommelig, det er vår Gud Jehova. Kristi personlighet, karakter og Den Hellige Ånds kjærlighets kraft igjennom deg.
Alle ser hva du har og er. Du kan ikke lure noen. Ditt liv er et vitnesbyrd i kropp og din sjel/personlighet. Det stråler ut av deg, bra eller dårlig. Sørg for at Kristus synes igjennom deg. Ditt livs frukter og herrens blomster som springer ut av deg med sin lukt. Mer du ser, får åpenbart disse virkeligheter, mer vil Kristus skinne ut igjennom deg.

Frelsen øyeblikk var inne
Etter 30 minutter læring i proklamasjonens stil inviterte jeg til omvendelse og frelse i Kristus Jesus. De så seieren, de så muligheten Alle fangene i hele fengslet ville omvende seg til Kristus

og ta ham imot som sin personlige frelser og Herre. De alle ville ha sine synder tilgitt og bli rene fra sine synder i Jesu blod. Alle ville bli født på ny og bli en ny skapning. Jeg talte og lærte til de forsto dette.

Omvendelsens øyeblikk
Jubelen brøt sterkest ut over muligheten til omvendelse. Det å få lagt det gamle livet bak sin rygg og tilgitt. Her så de seieren øyeblikkelig. Det var 3 hvite fanger i fengslet, de var fra Europa. De var narkotika smuglere, de var de eneste som ikke ville overgi sine liv til Kristus. Hvor mange som er bevart i Kristus vet bare himmelen, men de alle fikk en mulighet fra Gud som kom til deres by. Mine Australske venner hadde allerede startet opp arbeid i byen, så nå fikk de mye nye disipler.

Åpenbaringen seirer i Amedabad, India
Videre gikk korstogsferden til India, til byen Amedabad. Her var det 100 000 mennesker på møtet allerede første kvelden. Her var det stor motstand fra hinduene, hindu prester var meget voldelige mot de kristne som kom.

Nå som jeg hadde fått åpenbaring over Forkynneren 3, 11 og Efeserne 2, 8, var mitt ståsted innfor 100 000 hinduer annerledes enn det hadde vært tidligere. Nå var jeg helt avslappet på plattformen. Jeg var ikke ute etter å overbevise dem om noe som helst. Jeg var ikke i en kriger posisjon.

Mottakeren var klar, og senderen sendte
Jeg var der for å forklare dem i Guds Ånd de enkle evige sannheter som fører til frelsen i Kristus, nå visste jeg at mottakeren i dem var på. Senderen min sendte ut kjærlighetens evangeliske signaler.
De forsto ikke alt jeg forklarte med en gang. Jeg forklarte om det igjen. Plutselig gikk lyset opp for dem. De så det, de fikk åpenbaringen fra Gud. Jubelen, smilene og klappingen fra hinduene brøt løs. Nå var det bare å høste inn.
Seiers tur gikk etter hvert videre fra India til Pakistan og Afganistan.

Undervis, forkynn og proklamer med innlevelse til de griper det, da har de det.

5

Du kan aldri gi mer enn det du har mottatt selv

Nå ser vi mottagerne er klare, selv om de ikke forstår noe som helst av den biten selv. De aller fleste har ingen forståelse av dette. Vi beveger oss inn i en helt ny tilværelse, en tilværelse bevisst i den åndelige verden på Guds side. Det er her vi kommer inn som Gud representanter og redskaper.

Hør på dette:

Åpenbaringskunnskap gitt fra Åndens verden til forståelse i de gjenfødtes tankeliv i den fysiske verden

Det du ser (det som er åpenbart for deg) Det har du

Det du har - Er du fri i

Det du er fri i - Det du kan gi

Det du kan gi - Har du autoritet over

Det du har autoritet over - Er ditt

Det som er ditt - Kan du gi til hvem du vil
Det du kan gi til hvem du vil - Kan tas imot av alle som vil ha det
Alle som vil ha det - Ser det

Det du ser - det har du

Åpenbaring er ingenting som flyter inn av seg selv i deg, som en Jesu disippel. Du må betale for hver lille ting du inntar. Det er først når du har blitt etablert på et hvis nivå i ditt åndelig liv, du vil oppleve åpenbaringskunnskap kommer enkelt og naturlig. Men som sagt, det er en lidelsens vei til dette punktet. Den dagen du begynner å se og forstå litt etter litt, ting etter ting i skriften, da har du det du ser.

Det du har – er du fri i

En fantastisk opplevelse å oppleve. På hvert punkt Herren levendegjør, åpenbarer sitt ord for deg, er du fri. Du beveger deg i den friheten du har fått, slik du har tro for. **Forstå dette.**

La din tro ta det

" Jesus sa: Alt dere ber med tro i deres bønner, skal dere få." (Matt 21, 22)

" Jesus sa: Ha tro til Gud, alt du da sier uten tvil (Gresk, diakrino, diskriminere, trekke seg fra, motsette seg), men tror at det han sier, mottar det, skal få det.

Derfor sier jeg dere: Alt det dere ber om og begjærer, tro bare at dere har fått det, så skal det vederfares (Gresk Lambano, ta i og holde, bevegelse i å ta imot, gripe tak i, uten noe forbehold,) dere:" (Mark 11, 23 – 24)

Si det og oppfør deg deretter
Si til deg selv, når troen på det du har mottatt er der, si jeg har det og oppfør deg deretter. Forstå dette. Hvis Kristus har gitt deg, oppfør deg deretter. Riv deg løs fra alt som trengs rives løs ifra, **tro deg fri, forstå dette.**

Det du er fri i - Det du kan gi
Nå står du frem med et område i hvilket du er fri. Du beveger deg i kjærlighetens autoritet på dette område. Alle ser det og alle vil oppleve det igjennom deg. La alle dine sanser være involvert i din proklamasjon. Kun 10 prosent av det du sier fester seg i mennesker, resten er det ditt leg-

eme som taler til sansene på tilhørerne. Beveg deg i din frihet. Slipp poeten, lyrikeren fri i deg.

" Forkynte Guds ord i jødenes synagoge"
(Apg 13, 5)

Forkynner, Kerugma Fra Gresk, betyr å illustrere, tone styrke og bevegelse er viktig,

Poesi
Forkynner finner vi i en oversettelse fra Gresk som ordet" poesi", poesi som igjen oversatt fra Gresk betyr å få frem, igjennom forstilling, gjennom utøvende skuespill. I Jakob 1, 22" ordets gjørere", dette ordet" gjørere" fra Gresk poietes betyr, utøve spesielt, en gjører, få på lyset, trene, fullføre, proklamere, oppreise. Det er mange flere ord som viser til det Greske. De jeg her har nevnt viser oss antagelig nok.

Lyrikk
Lyriker som er et søsken ord til poesi, betyr å uttrykke spontant en følelse.
Vi ser klart at det å uttrykke det åndelige liv og dets følelser igjennom det fysiske er en meget viktig del i proklamasjonen, forklaringen, lærin-

gen av de evige sannheter, Guds skrevne ord, Bibelen.

Du er en disippel av Jesus
Når du har all denne forståelsen, kan du begynne å trene på din utøvelse av det. Du er en lærling, en disippel. Som mesteren gjør, gjør du.

Det du kan gi – har du autoritet over
Det som du opplever frihet og tro til å gi, er ditt autoritetsområde gitt av Gud. Det er kun det du har åpenbaring over, som kommer inn i den gruppen du har autoritet over. Etter hvert som din åpenbaring fortsetter, vil automatisk autoritetsområdet vokse.

Dette har med mange års vandring med Herren å gjøre. Det er kun de som er villige til å gå lidelsens vei og betale prisen for Guds kraft og være en sann Jesus disippel, som kommer inn her.

Det du har autoritet over – er ditt
Det er en fantastisk, opplevelse, viten og følelse å ha. Nemlig at man har blitt overgitt ståsteder av Herren på grunn av sin vandring med ham. De autoritetsområdene du har blitt gitt, kan in-

gen ta ifra deg. Det er kun deg selv som kan gi de ifra deg. Det kan du gjøre ved å forlate troen på Kristus og gå syndens vei.

" La oss derfor gå forbi barnelærdommen om Kristus og skride fram mot det fullkomne,.….

For det er umulig at de som engang er blitt opplyst og har smakt den himmelske gave og fått del i den Hellige Ånd

Og har smakt guds gode ord og den kommende verdens krefter, og så faller fra, (Gresk Parapipto, faller fra på en sikker, overbevisende måte) atter kan fornyes til omvendelse," (Heb. 6, 1 – 6) Les alle versene.

Det jeg har sett av hendelse som dette, er at vedkommende har blitt forherdet. Troen på Gud har som jeg kunne observere, forlatt vedkommende. Den var ikke lenger i personens omgivelser av liv, i personens sjel, tanker eller følelser. Personen var rett og slett fremmedartet fra troen på den levende Gud. Vedkommende forkastet alt.

Det som er ditt - Kan du gi til hvem du vil
Dette er en fantastisk følelse og viten. Tenk hvilken nåde, du kan gi i frihet det Herren har gitt deg til hvem du vil. Enhver som du gir det til, kan selv bestemme om de vil ha det. Det valg mennesker tar, er et valg vi respekterer. Vil de ha det du gir, så er det Guds nådegave til dem igjennom deg. Nådegaven er deres når de tar den imot, ikke før.

Det du kan gi til hvem du vil - Kan tas imot av alle som vil ha det
Det du har Guds myndighet til å gi, kan du gi til hvem du vi. Det er levende i deg og igjennom deg, til den du gir det til, hvis de vil ha det. Hvis du gir det og det ikke tas imot, kan det kjennes stengt og vanskelig ut for deg. Derimot er mennesker klare til å ta imot Guds gave igjennom deg, kjennes det åpent og gledelig ut for deg.

Alle som vil ha det - Ser det
Når jeg har talt i mitt hjemland eller på de store plattformene i utlandet, er opplevelsen den samme. Når mennesker i mitt hjemland begyn-

ner "å se" det jeg taler, når jeg forkynner, blir det helt stille i salen. Dette skjer hver gang.

I utlandet bryter gleden, klappen og jubelen ut. Vi har forskjellige ytringer på samme ting, men "de ser" det jeg taler. Det er åpenbaringen av det talt ord, som kommer til dem personlig.

6

Hva forstår jeg?

" Gud tordner underfullt med sin røst; han gjør storverk, og vi forstår dem ikke." (Job 37, 5)

Det er mer begivenheter av negativ karakter som skjer i verden enn noen gang, men de kristne uteblir. Vi lever i virkelige høyprofetiske tider. Det uttrykket er jo helt utslitt, men det er nå det har sin aktualitet som aldri tidligere.
Våkn opp du som sover, Herren vil lyse for deg, hvis du vil bli lyst og vist vei for. En sa til meg: Jeg ser på Facebook, det er mange kristne der, men alt de viser er bilder av seg selv og sine nære omgivelser. Ikke for mange viser interesse for det som skjer i samfunnet.

Herren vil du skal være en Åndens kriger
Om Kristne aldri før har vært samfunns interessert og orientert, så er tiden for det nå.

Guds vilje for deg, er at du skal være en Åndens kriger.
Herren vil du skal lære hvordan du kan være det.
Dette kan du bare lære av Ham.

Forstår du det, så ser du det.
Forstår du det ikke, så ser du det heller ikke. Vi er ment å være Herrens giganter implantert i verden på alle arenaer. Han vil vi skal påvirke hele verden ved å være tilstedeværende åndelige gjenfødte. Slik at han igjennom deg kan "tordne" med sin underfulle røst, gjøre storverk rundt deg. Hør på dette. Du skal ikke gjøre noe, han vil gjøre det rundt deg, fordi du forstår han vil gjøre det rundt deg.

" De skjønte ingenting, og de forstår ingenting, de vandrer i mørket; alle jordens grunnvoller vakler." (Salme 82, 5)

Politikere og" forstå seg på´ere"
De har ingen mulighet til en full forståelse av virkeligheten. Det hele er en åndelig kamp. Alle ting vi ser skje i samfunnet nå, er åndelig angrep fra Satan. Vi som er født på ny og hører Guds røst, må reise oss og være et ekko av Guds røst i

oss og igjennom oss i tiden på ethvert sted. Vi forstår hva som skjer, verden forstår det ikke og kan derfor ikke handtere saken riktig.

Det som skjer er alt åndelig, det er ord og det er åndelig krig ved bruk av ord som alle er åndelige.

" En ufornuftig mann kjenner det ikke, og en dåre forstår ikke dette." (salme 92, 7)

De har ingen mulighet til å forstå, selv om det ligger helt oppe i dagen, Satan forblinder deres øyne.

" Hvem vil han lære kunnskap, og hvem vil han få til å forstå budskapet? Er det barn som nettopp er avvent fra melken, tatt bort fra brystet?"
(Jes 28, 9)

Du må selv sørge for din åndelige vekst
Du må selv sørge for å vokse og bli moden i ditt kristne liv. Du kan ha blitt født på ny en gang. Det livet vare ikke evig, hvis ikke det til enhver tid for rett mat og rett trening.

Får det ikke det så dør du åndelig på ett eller annet tidspunkt. Du faller fra troen. Slik er det bare. Bare du kan gjøre noe med det.

"Dere skal høre og høre og ikke forstå, se og se og ikke skjelne;"

NB! NB!
På stupet til døden i ånden
Dette er skumle saker. Gå rundt som en sløv umoden kristen, på stupet til døden i ånden. Du forstår ikke hvor det bærer hen. Det er akkurat slik det er. Det hjelper ikke om du tror det er bra hvis det ikke er det.

"For dette folks hjerter er sløvet, og med ørene hører de tungt, og sine øyne lukker de, for at de ikke skal se med øynene og høre med ørene og forstå med hjertet og omvende seg, så jeg kan få lege dem." (Matt 13, 14 - 15)

Du gir blaffen
Det er livsfarlig når sløvheten får taket i deg, da gir du bare blaffen. Du sier: Det går nok bra.

Hver gang noen hører ordet om riket og ikke forstår det, kommer den onde og røver det som er sådd i hans hjerte; dette er det som er sådd ved veien."

Hvorfor kunne Satan ta det som var sådd i hjertet? Jo, fordi vedkommende ikke forsto det. Dette går to veier. Han som forkynte det forsto det ikke, da kunne i hvert fall ikke mottakeren forstå det. Eller rett og slett at mottakeren ikke var interessert i det.

" Men det som ble sådd i den gode jord, det er den som hører ordet og forstår det; han bærer frukt, og en gir hundre fold, en seksti fold, en tretti fold." (Matt 13, 19 og 23)

Her ser vi noe annerledes reaksjon. Ordet blir tatt imot, det begynner å gro og vokse med en gang. Det gir rike frukter og forståelse.

" Og gi deres hjerte opplyste øyne, så dere kan forstå hvilket håp det er han har kalt dere til, og hvor rik på herlighet hans arv er iblant de hellige." (Ef 1, 18)

Det er når forståelsen, åpenbaringen kommer, at ting begynner å vokse. Du har begynt å forstå, du vet hva du har i Kristus, da kommer en kraftig åndelig utvikling i deg.

" Forstå det jeg sier! For Herren skal gi dere forstand på alt." (2 tim 2, 7)

NB! NB!
Ser du hvor viktig det er at vi tar tak sammen med Herren, at vi får et intimt felleskap med ham. Herren vil gi deg helt personlig forstand på alt.

Ordet kan komme til deg gjennom en forkynner med åpenbaring i skriften eller du tar det imot åpenbaring på Guds ord direkte selv. Uansett hvilken av måtene det kommer på, må du selv ta tak, tro det i tålmodighet og selv ta ansvaret for ditt åndelige liv. Da vil en åndelig vekst starte i ditt liv.

7

Selg din tro – selg den ikke billig, men overbevisende

Hva du tror, kan du få andre til å tro. Det du er helt overbevist om, uten en skygge av tvil, kan du få andre til og tro uten en skygge av tvil også.

Ikke et salgs triks
Dette er ikke" salgs teknikker, psykologiske teknikker" for å selge et produkt. Mange vil kunne si du er et salgs talent av dimensjoner. Det er ikke det som er det som er gjennomslags effekten her.
Beveger man seg i sansekunnskapens verden, nemlig jorden. Uten viten om at der er en annen verden, en åndelig verden. En verden uten fysisk materie, en verden som ikke kan registreres av sansene våre. Lever vi slik, vil uttalelser som dette være helt naturlig. Vedkommende er blokkert fra å forstå noe annet.

Den åndelige overbevisnings teknikk

"Men Åndens (Guds Ånd med stor Å, den Hellige Ånd) frukt er kjærlighet, glede, fred, langmodighet, mildhet, godhet, trofasthet, saktmodighet, avholdenhet;" (Gal 5, 22)

"Dersom vi lever i Ånden, da la oss vandre i Ånden!" (Gal 5, 25)

Begynnelsen på ferden til åpenbaring
Når du er villig til å avlegg kjødets gjerninger i ditt liv (Gal 5, 19 – 21). Ta å les disse versene. Når du er villig til å avlegge disse ting og du samtidig fyller deg med Guds skrevne ord og gjør i praktisk handling det Guds Ord sier. Da er du på begynnelsen av ferden til åpenbaringen av Åndens frukter i ditt liv.
Samtidig med fremvekst av Åndens frukter og avleggelse av kjødets gjerninger, vil du oppleve åpenbaring i det skrevne Guds Ord. Du vil begynne å en åpenbaringens kunnskap om det. Når du da stiller deg frem for å proklamere evangeliet, er det ikke lenger tomme teologiske ord, men det er ord av "Ånd og liv".

Den åndelige overbevisnings teknikk

" Det er Ånden som gjør levende, kjødet gagner ingenting; De ord som jeg taler til dere, er ånd og liv." (Joh 6, 63)

NB!
Les boken min" Dressa opp for seier", der har jeg med alt i detaljer om dette emnet.

Å overbevis, vil koste deg alt
Livet må leves i omvendelse fra kjødets gjerninger. Det er noe som er ubehagelig for mennesket, men det er ingen annen vei å gå. Hvis du vil komme i posisjonen som en" proklamerende overbeviser"

Stå opp, selg din tro, dyrt og overbevisende
Det å ha Kristus levende i oss, koster alt. Det å være en Jesu disippel, en Jesu lærling, vil koste deg alt. Alt det du har opparbeidet deg, igjennom årene, inn gjennom dine sanser, inn i ditt tankeliv og følelsesliv og videre ut i dit kjød, og videre derifra ut til dine omgivelser. Dette må en omvende seg ifra, det må alt underlegges Kristi autoritet. Kristus må få kontroll på hele deg.

Det er ikke vanskelig å forstå at dette er en stor jobb som krever vilje og disiplin.

Du må bygge et nært forhold til Gud
Videre må Guds ord i deg og ditt søkende forhold til Guds nærhet, gjøres hver dag. Du må opparbeide et nært, intimt forhold til Gud Jehova. Du personlig må få det. Du må søke Gud helt alene. Ingen andres kan hjelpe deg, ingen andres forslag vil kunne hjelpe deg her. Ingen bøker vil heller kunne hjelpe deg, Gud vil hjelpe deg. Litt etter litt, vil det gå fremover. Så lenge du ikke gir opp, er det seier. Her er det ikke snakk om hvor lenge du skal være innfor Gud i bønnens stillhet. Du tar all den tiden som trengs, det er eneste muligheten for deg og alle andre.

Din tro er dyrebar, selg den ikke billig
Du går fremover mot den sterkt overbevisende troen, som er den sterke åndelige troen i deg, som kommer frem igjennom helliggjørelsen i deg.

" Paulus sier: Så jeg kan få kjenne Ham (ikke kunnskapen om) og kraften av hans oppstandelse og samfunnet med hans lidelser, idet jeg blir gjort lik med ham i hans død," (Fil 3, 10)

Ser du? Den dyrebare veien og gå for dyrebare resultater, hvis du vil?

8

Hva har jeg mottatt

De Guddommelige sannheter, kan vi aldri få sagt mange nok ganger til oss selv. Disippel gjøringen er en prosess, hvor gjentagelsen gang etter gang av de samme ting gjøres, til det sitter fast. Det blir på samme måte som å gå i lære for et fag. Det er den stadige gjentagelse av teori utøvd i praksis, som til slutt sitter fast. Det nytter ikke å folde hendene å be til Gud at det skal sitte, nei, her må det jobbes hardt til tingene er på plass. Tenk på alle de inntrykk du har fått igjennom dine fem sansen fra du var en baby og til du ble frelst. Dette skal avlegges og du skal ikledes Guds ord, som former og danner det nye livet i din sjel/personlighet.

Disippel gjøring er i gang i det du starter å adlyde Mark 16, 15. Der starter utfordringene i læringsprosessen. Så det er bare å sette i gang.

Koblet til Guds kraftstasjon
Når du er koblet på, ligger alle mulighetene på alle plan i livet klare, for deg å ta i bruk i tjenesten for Gud, etter som Herren leder deg.

Født på nytt og har blitt en ny skapning, det er å bli frelst
Gud hadde planen klar for planeten jorden. Først skapte han mennesket i sitt eget bilde og

" Gud er ånd." (Joh 4, 24)

Videre tok han

" jord (adama) og formet og dannet mennesket (Adam), så blåste han livets ånde inn i Adams nese. Adam ble til en levende sjel." (1 Mos 2, 7)

" Alle ting ble skapt ved Han, alle ting i himmelene og på jorden, det synelige og det usynelige." (Koll 1, 16)

Bibelen, Guds eget Hellige Ord, garanterer for oss at alt Gud Jehova, skaperen og livets Herre, er vår ubegrensede og mirakuløse kilde for alt som vi trenger eller ønsker.

Forbannelsens dødelige bremser

Guds store plan og drøm for oss, er at vi skal ha mer enn nok av alt som er godt. Han vil vi skal nyte overflod av alle ting. Det gjelder lykke, helse og materielle goder. Synden satt en stopper for alt dette nesten før det var kommet i gang. Guds arv av velsignelse ble brått byttet ut med forbannelsens arv. Nedbrytningen av mennesket og jorden var i gang.

Guds store kjærlighet til mennesket gjorde det umulige mulig

Gud satte øyeblikkelig i gang å lete etter nøkkelen til det tapte paradiset. Nøkkelen fant han i sin egen sønn Jesus Kristus. Jesu Kristi legeme, ble huset til Gud Jehova selv. Dette var eneste løsningen for å få mennesket tilbake til paradisets tilstand. Gud måtte gi seg selv som en løsepenge for menneskehetens synd (arvesynden) igjennom sin sønn. Da våre synder var straffet for og fjernet, sto ingenting lenger imellom Gud og oss. Når vi tror på de gode nyhetene om det Jesus gjorde på Golgata kors, så ønsker Gud oss mer en velkommen tilbake til seg selv.

Vi er tilbake i Guds overflod

" Jesus sa: Jeg har kommet for at dere skal ha liv og liv i overflod." (Joh 10, 10)

Det er fantastisk, med synd og opprør ut av veien, kan vi med stor frimodighet komme fremfor Gud. Hans vilje er overflod ikke mangler og nød. Hans velsignelser er her for oss nå. Jesus kom for en hensikt, nemelig å fjerne forbannelsen og forbannelsens far og årsak en gang for alle.

" Jesus kom for å tilintetgjøre djevelens gjerninger," (1 Joh 3, 8)

Inklusiv all synd og enhver ond konsekvens som svekker og demoraliserer samfunnet, deriblant materiell fattigdom.

Dette har du mottatt, men la oss se på farene først

Da dette med materiell velstand har vært så i fokus, vil jeg si at det ikke innebærer å samle seg opp rikdommer,

" Og av havesyke skal de med oppdiktede ord utnytte dere til sin vinning. Men dommen over dem er fra gammel tid ikke ørkesløs, og deres fortapelse sover ikke." (2 Pet 2, 3)

" fører utilbørlig lære for ussel vinnings skyld." (Tit 1, 11)

" således er det med den som samler seg skatter og ikke er rik i Gud." (Luk 12, 21)

Materiell velstand uten Guds perspektiv, blir en rikdoms forførelse

Jesus snakker om" rikdommens forførelse." (Matt 13, 22)

Paulus sa også klart at" kjærlighet til penger, er roten til alt ondt." (1 Tim 6, 10)

Det er ikke pengene i seg selv som er problemet, men det er kjærligheten til de.

" noen har faret vill fra troen av lyst til dette." (1 Tim 6, 10)

En annen advarsel fra Jesus går ut på

**NB! NB!
Helliggjørelsens nødvendighet for seier**

" denne verdens bekymringer, rikdommens bedrag, og lystene etter alt annet kommer inn og kveler ordet, så at det blir uten frukt." (Mark 4, 19)

" En dag så Herren rundt seg å sa til sine disipler: Hvor vanskelig det vil være for de rike å komme inn i Guds rike!" (Mark 10, 23 – 24)

" Jesus sa: Ve dere, dere rike! For dere har allerede fått deres trøst." (Luk 6, 24)

Dette kan skje, om man ikke passer på. Det materielle kan ta fullstendig overhånd. Jeg tar med verset fra Lukas igjen.

" således er det med den som samler seg skatter og ikke er rik i Gud." (Luk 12, 21)

Paulus advarte apostelen Timoteus og de kristne i Efesus, Hør hva Bibelen sier:

"men de som vil bli rike, faller i fristelse og snare og mange dårlige og skadelige lyster, som senker menneskene ned i undergang og fortapelse.

For pengekjærlighet er en rot til alt ondt; av lyst dertil har somme faret vill fra troen og har gjennomstukket seg selv med mange piner.

Byd dem som er rike i denne nåværende verden, at de ikke skal være overmodige eller sette sitt håp til den uvisse rikdom, men til Gud som gir oss rikelig alle ting å nyte," (1 Tim 6, 9 – 17)
Les alle versene

Her igjen ser du viktigheten av et balansert forhold i ditt Guds liv, fellene ligger og venter på deg. Så bygg deg opp sterkt i Herren.

Velstandsfobi
Den tradisjonelle kristne undervisning, har lagt så stor vekt på disse advarsler. Troende har sett på fattigdom som åndelighet. Velstanden har de sett på som ugudelighet.
I troes forkynnelse som har gått over verden de siste 40 år, har det å være" velsignet" med rik-

dom vært et ganske stort poeng. Dette har da med tiden skapt en velstandfobi som forhindrer evangeliets fremmarsj og vekst. La ikke pengene bli din avgud.

Ja, vi kristne er med i Guds kongefamilie. Vi opplever oss ovenpå, vi lever i seier i alt som godt er. Herrens velsignelse er over oss. Vi er utvalgt og vist tillit av vår Herre. Fall ikke i fella kjære venn og bygg slott for deg selv.

Økonomisk velsignelse for en hensikt
Vi skal leve i økonomisk rik velsignelse av en årsak. Våre penger er ment å brukes til å få evangeliet ut til de som Herren har bedt oss om å gi det til i misjonsbefalingen. Lesk Mark 16, 15, Matt 28, 18 - 20, Matt 24, 14 og Åp 5, 9.

Velstand for en hensikt, å gi penger så evangeliet til all skapningen kan bli fullført fortest mulig å Jesus kan komme igjen

" Etter evangeliet om den salige Guds herlighet, det som er meg betrodd." (1 Tim 1, 11)

" men liksom vi av Gud er aktet verdige til at evangeliet ble oss betrodd, således taler vi, ikke som de som vil tekkes mennesker, men som Gud som prøver våre hjerter." (1 Tess 24)

Vi har blitt betrodd å gi evangeliet til alle mennesker i hele verden.

" Jesus sa til disiplene: Gå derfor ut i all verden og forkynn evangeliet for all skapningen."
(Mark 16, 15)

Det krever penger for å få gjort denne jobben. Det er grunnen ene og alene at Herren vil at hans barn skal ha materiell velstand, på samme måte som deres sjel og ånd har åndelig velstand.

" Du elskede! Jeg ønsker at du i alle deler må ha det godt og være ved god helse, liksom din sjel har det godt." (3 Joh 2)

Balansert forståelse
Med en balansert forståelse av det Bibelen sier om materiell velstand, vil de følgende uttalelsene gi næring til din tro og oppmuntre det til å forvente materiell velstand som en troende, som har

et hjerte som er målbevisst i å formidle de gode nyhetene til uomvendte.

" Frykt Herren dere hans hellige. For de som frykter Ham er det ingen mangel."
(Salme 34, 10)

" Min Gud skal fylle all deres trang." (Fil 4, 9)

" Jeg ønsker at du i alle deler må ha det godt."
(3 Joh 2)

Dette gjelder generell velstand og inkluderer materiell velstand.

" For Herren har sin lyst i at Hans tjenere ar det godt." (Salme 35, 27)

" Herren skal gi deg mer enn nok av alt som godt i gods, ved din livsfrukt, ved det dine husdyr bærer, og ved grøden av din jord."
(5 Mos 28, 11)

" For Herren skal åpne sitt gode skattekammer."
(5 Mos 28, 12)

" Det er Herrens velsignelse som gjør rik."
(Ords 10, 22)

" Herren skal kommandere velsignelsen å komme over deg og nå deg i alt du setter dine hender til å gjøre." (5 Mos 28, 8)

Et vilkår for oppfyllelsen av dette
Vilkåret er at du tror det.

" Frykt ikke, bare tro." (Mark 5, 36)

" Uten tro er det umulig" (Heb 11, 6)

Troen på alle evangeliets sannheter må være på plass. Og at du er satt fri fra dine synder, med alt annet det medfører.

" Kristus kjøpte oss fri fra lovens forbannelse, idet han ble en forbannelse for oss – for det er skrevet: Forbannet er hver den som henger på et tre – " (Gal 3, 13)

Materiell fattigdom er en del av forbannelsen.
Det er frelse, redning, det er frigjøring fra Satans autoritet og påvirkning over livene våre. Det er

frihet fra dødens dom over oss, fra sykdommens plager, fra materiell mangel, ja fra alle djevelens gjerninger.

" Dertil er Guds sønn åpenbart at han skal gjøre ende på djevelens gjerninger." (1 Joh 3, 8)

Dette har jeg forkynt verden over siden jeg var en ung mann. Det er dette Kristus stadfester

" Men de gikk ut og forkynte ordet alle steder, og Herren virket med og stadfestet ordet ved de tegn som fulgte med." (mark 16, 20)

Dette er budskapet som virker
Når alt er på sin rette plass. Nå er det din tur, det virker for deg også.

Vers fra Bibelen som bygger din tro for hva Gud vil du skal motta
Dette er vers som du planter i din ånd gjennom studiet av de. Dette vil bringe overflod i ditt liv og igjennom ditt liv til den verden som er rundt deg. Du mottar for å gi videre, det er den alltid sirkulerende
" **kjærlighetens sirkel av alt som godt er**"

" Gi Herren ære med det du eier og førstegrøden av hele din avling! Så skal dine lagerhus fylles til overflod, og dine vinkar skal flyte over av most." (Ords 3, 9 – 10)

Gud utfordrer deg til å bringe dine penger til Ham og prøve Ham, for å se om velsignelsen kommer din vei.

" Se om han ikke vil åpne himmelens vinduer, og øse ut velsignelser over deg, så mye at der skal ikke være rom nok til å ta imot det."
(Mal 3, 10)

" For Herren Gud sier: Mel krukken skal ikke bli tom, og oljekaret skal ikke være tørt."
(1 Kong 17, 14)

" For jorden er Herrens og det som fyller den."
(1 Kor 10, 26)

" Rikdom og velstand er Herrens gave."
(Fork 5, 19)

" Da skal du ha lykke på dine veier." (Josva 1, 8)

" Men søk først Guds rike og Hans rettferdighet, så skal dere få alt ette i tilgift!" (Matt 6, 33)

" Herren er din Hyrde, du skal ikke mangle noen ting." (Salme 23, 1)

" Ikke noe godt skal Han holde fra dem som vandrer rettferdig." (Salme 84, 11)

" Velsignet er hver den som frykter Herren, som har sitt behag i hans bud… og rikdom skal være i hans hus." (Salme 112, 1,3)

" Du skal komme i hu Herren din Gud: For det er Han som gir deg evnen til å få velstand."
(5 Mos 8, 18)

" Sølvet og gullet er mitt, sier Herren."
(Hag 2, 8)

" Hele jorden er min." (2 Mos 19, 5)

" Hvert dyr i skogen er mitt, og dyrene på tusen høyder er mine." (Salme 50, 10)

" Å hvor dyrebar din miskunnhet er, Gud. Derfor har menneskenes barn … tatt sin tilflukt…i dine vingers skygge. De mettes rikelig av overfloden i ditt hus… for hos deg er livets kilde."
(Salme 36, 7 - 9)

" Herrens velsignelse gjør rik, eget strev legger ingenting til" (Ordspr 10, 22)

" Å Herre hvor mange er dine gjerninger…Du gjorde dem alle viselig; jorden åpner er av det du har skapt.

" Du gir dem, de sanker; du opplater din hånd, de mettes med godt." (Salme 104, 24, 28)

" Jeg elsker dem som elsker meg, og de som søker meg, skal finne meg.

Hos meg er rikdom og ære, gammelt arvegods og rettferdighet.

" Derfor gir jeg dem som elsker meg, sann rikdom til arv og fyller deres forrådskammere." (Ordspr 8, 17 – 18 og 21)

" Velsignet er du, Herre Gud ... For alt som er i himmelen er ditt...både ære og rikdom kommer fra deg." (1 Krøn 29, 10 – 12)

" Gå på Guds veier ... slik at du kan gjøre det godt i alt du setter deg fore og hvor enn du skulle gå." (1 Kong 2, 3)

" Lovet være Herren som dagelig overøser oss med goder." (Salme 68, 19)

" En trofast mann får rike velsignelser." (Ordsp 28, 20)

" Jesus sa: Jeg har kommet for at dere skal liv og liv i overflod." (Joh 10, 10)

Her ser du bevis i overflod
Alt materielt som du kan se rundt deg, er et produkt fra Herren. Dette er en sterk bekreftelse på at Herrens vilje at mennesket skal ha det bra materielt, så vel som fysisk og åndelig velsignet.

Bibelen sier det så klart:" Det er ingen som har forlatt hus eller brødre eller søstre eller far eller hustru eller barn eller åkre for min skyld eller for evangeliets skyld, som ikke skal få hundrefold igjen nå i tiden, hus og familie og åkrer…og i den verden som kommer, evig liv." (Mark 10, 29 – 30)

" kjærlighetens sirkel av alt som godt er"

NB! NB!
Vær mer enn overbevist i det du tror

" Tro er full vishet om det som håpes, overbevisning om ting som ikke ses." (Heb 11, 1)

Strekk deg mot denne troen inntil du har den
Dette er selve styrken i troen du mottar, når du strekker deg mot den. Du må ikke gi opp før du har den. Dette forklarer jeg nøye i andre av bøkene mine.

"Ved tro skjønner vi at verden er kommet i stand ved Guds ord, så det som sees, ikke ble til av det synlige." (Heb 11, 3)

Dette er det du aksepterer og vet er måten tingene skjer på. Gud selv ga oss jo det første og beste eksemplet på akkurat dette, allerede i 1 Mos 1, 3-4.

" Da sa Gud: Det bli lys! Og det ble lys,

Og Gud så at lyset var godt, og Gud skilte lyset fra mørket." (1 Mos 1, 3 - 4)

Ser du

" Gud talte og det skjedde, han bød og det sto der." (Salme 33, 9)

Vær klippe fast i ditt ståsted her. Det er dette som gjelder, ingenting annet.

" men uten tro er det umulig å tekkes Gud, for den som treder fram for Gud, må tro han er til, og at han lønner den som søker Ham."
(Heb 11, 6)

Troes innstillingen bakt inn i deg

Den positive sterke troens innstilling må være bakt inn i deg, slik at du uten tvil går mot svarene fra Gud. Hør på dette:

" Ved tro fikk også Sara kraft til å grunnlegge en ætt, og det til tross for sin alder, da hun aktet Ham trofast som ga løftet.

Derfor ble det også av en, og det en utlevd, avlet så mange som himmelens stjerner og som sanden ved havets strand, som ingen kan telle.

" I tro døde alle disse uten at de hadde oppnådd det som var lovt; men de så det langt borte og hilste det og bekjente at de var fremmede og ut- lendinger på jorden." (Heb 11, 11)

Ser du hvordan troens innstilling, holdning og adferd var bakt/vevd inn i dem. På samme måte og sterkere vil den være i deg og meg under den nye pakt. Vi er Kristi soldater, vi er Herrens krigs disippeler. **Seieren er vår, hvis vi tror det**.

Med denne troen bakt inn, er du proklamatøren / poeten i din tid

" Derfor, la og oss, da vi har så stor en sky av vitner omkring oss, avlegge alt som tynger, og synden som henger så fast ved oss, og med tålmodighet løpe i den kamp som er oss foresatt,

Idet vi ser på troens opphavsmann og fullender, Jesus Kristus, han som for den glede som ventet Ham, led tålmodig korset, uten å akte vanæren, og nå sitter på høyre side av Guds trone."
(Heb 12, 1 - 2)

" Det er for tuktens skyld at dere tåler lidelser;
(Heb 12, 7)

Troes kjempene gir aldri opp.
Det frøet som er sådd i deg, gror i god jord. Den gode jord er deg, når du gjør/tror Herrens ord. Du setter det ut i praksis. Du setter det ut til å gjøre det som ordet det sier.

Du har en helt ny livs stil, en helt ny tenkemåte, et elt nytt språk.

Disse nye Guddommelige kvalitetene i ditt liv, gir du videre. La alle guds sannheter bli til solid forståelse i ditt sinn. Det blir da det du lever ut i praksis.

Din karakter blir en troens karakter
Hele mitt liv som gjenfødt Kristen, er bygd på studier av skriften og handlig på Guds løfter, gang etter gang, år etter år, ti år etter ti år. Virkeligheten, overbevisningen vokser fast i deg, i din sjel og i din ånd.

" Er ikke mitt ord som en ild, sier Herren, og like en hammer som knuser berg?" (Jer 23, 29)

" Åndens sverd, som er Guds ord," (Ef 6, 17)

Vi går inn på fiendens område med kunnskap om hvem vi er i Kristus. Vi står imot enhver forførende taktikk som Satan prøver seg med, som virker nedbrytende, eller som går i mot frelsens sannheter.
På denne måten kjemper vi troens gode strid, dette er åndelig krigføring. Dette og ingenting annet. Guds ord har den evige seieren ut igjennom din munn.

Proklamasjonen av evangeliet med styrke, er åndelig krigføring
Vi overgir evangeliets budskap om Jesus Kristus med tro og styrke til enkeltindivider eller folkemengder, da kjemper vi mot makter og myndigheter, mot ondskapens åndehær.
På hvert eneste sted der evangeliet blir trodd, blir Satans festningsverk revet ned i folks liv. Fanger blir satt fri fra mørkets makt, og satt over i vår Guds rike.

" Han som fridde oss ut av mørkets makt og satte oss over i sin elskede sønns rike," (Koll 1, 13)

Dette er det gjenfødte enkeltindividets og fellesskapets oppgave. Dette er de Kristnes oppgave i sin helhet.

" men Gud være takk, som gir oss seier ved vår Herre Jesus Kristus!" (1 Kor 15, 57)

" For dette er den seier som har overvunnet verden, vår tro." (1 Joh 5, 4)

" Da vi kjenner frykten for Herren, søker vi å vinne mennesker." (2 Kor 5, 11)

Vi vinner mennesker for Kristus igjennom proklamasjonen av evangeliets sannheter, gjennom den åndelige krigføringen, gjennom troens gode strid.

Den seirende åndelige krigføring
Det finnes Kristne som tror de kjemper mot makter mot myndigheter, og ondskapens åndehærer i himmelrommet – i forsamlingen, i fellesskapet, i Jesu legeme. Troende som skal drive onde ånder ut av andre kristne.
Dette perspektivet på" åndelig krigføring" har **ikke** sitt ståsted i skriften, men kommer i konflikt med evangeliet og viser mangel på forståelse av de sannheter som gjelder frelsen. Dette på grunn av at man ikke lever ut i praksis det skriften ber oss om, en lever i ulydighet mot ordet.

Troens gjennomslagskraft
Da får man ikke troens åndelige erfaringer og blir ikke ledet igjennom de prøvelser som er nødvendig for åndelig vekst, i gjennom åndens åpenbaring, som igjen gir vekst og gjennomslagskraft i troen. Som igjen gjør deg til en

sterkere og sterkere troens proklamatør av evangeliet om Jesus Kristus Guds levende sønn.

Vær mer enn overbevist i det du tror
Da vil de du taler til, bli det også. De vil gripe den sterke troens begynnelse i sine liv der og da. Proklamere fredens evangelium med alle dine sanser til alle menneskers sanser i den Hellige Ånd.

1 0

Du er Guds stemme til verden

" Og Herren skal led deg all tid og mette deg midt i ødemarken, og dine ben skal ha styrke, og du skal bli som en vannrik hage, som et kildevell der vannet aldri slipper opp." (Jes 54, 11)

" Jesus sa: De som tror på meg som skriften har sagt, av hans liv skal det renne strømmer av levende vann.

Dette sa han om den Ånd som de skulle få som trodde på ham, for Ånden var ennå ikke kommet, fordi Jesus ennå ikke var herliggjort."
(Joh 7, 38 – 39)

Dagen kom og Ånden falt (pinsefestens dag, Apg 1 og 2, Joel 3)
Kan du se det? Guds Ånd materialisert i deg, Guds Ånd igjennom deg som omformeren.

Du må tro det bevisst først

Du er Guds stemme til verden, tro det, så vil de som hører deg det tro det også. Din tro på det du gjør forløser den Hellige Ånds kraft igjennom deg til de som er rundt deg.

Fra ånd til fysisk materie igjennom deg

Fra å være åndelige tanker som kommer til deg og til å bli sansekunnskaps realiteter igjennom deg, må dette skje. Du må tro tankene som har kommet til deg.

I det øyeblikket du tror Guds ords tanker som har kommet til deg, og handler på de i tro, Levende gjøres Guds tanker ut i den fysisk praksis. Da kommer den fysiske virkelighet av det du tror fram.

" Hvor fagre på fjellene deres føtter som kommer med gledes bud, som forkynner fred, som bærer **gode nyheter**, som **forkynner frelse**."
(Jes 52, 7)

Du er stemmen

Du er Guds stemme, du er budbæreren, der du er lyder Kristi røst og ord. Tro det, handle på det og du vil se resultatet av det. **Dette er kamp i ånden.**

" Ettersom hans Guddommelige makt har gitt oss alt som tjener til liv og Gudsfrykt, ved kunnskapen om han som kallet oss ved sin egen herlighet og kraft.

Og derved har gitt oss de største og dyreste løfter, for at dere ved dem skulle få del i Guddommelig natur ..." (2 Peter 1, 3 – 4)

I den grad Kristus er i deg – vil du være hans munn
Dette er viktig å forstå, med troens overbevisning. Når du gjør det så har du det. Det er en lang vei å gå for å få det alt" stålsatt" i deg. Dette er helliggjørelses prosessen som må få gå sin gang. Avleggelsen av kjødets gjerninger og påkledelse av Åndens frukter. (Gal, 5)
Dette kommer litt etter litt i lydighets vandring mot det skrevne Guds ord. Her må din vilje liv sette inn alt.

Guds natur er" Evig liv"
" Jesus sa: Djevelen kommer bare for å stjele, myrde og ødelegge, men jeg er kommet for at dere skal ha liv og liv i overflod."(Joh 10, 10)

" Ved tro skjønner vi at verden er kommet i stand ved Guds ord, så det som ses, ikke ble til av det synlige." (Heb 11, 3)

Få med deg dette: "Så som vi ikke har det synlige for øyet, men det usynlige; for det synlige er timelig, men det usynlige er evig." (2 Kor 4, 18)

Ser du det? Troens styrke bringer resultatene.
Den naturen som mer og mer overtar i ditt liv etter syndens natur, er naturen som er kalt" evig liv". Dette er Guds egen evige livs natur. Guds guddommelige åpenbaringer kommer til deg, mer og mer etter som kjødet legges av og Åndens frukter overtar plassen i ditt liv.

Åpenbaringene fra Gud, gir den fulle visshet
Det er åpenbaringene fra Gud, som gir deg den fulle vissheten, som er den" stålsatte" troen. Sagt med litt spøkefullt ord. Det er Gud Jehova selv som kommer med åpenbaringene.

" Tro er full visshet om det som håpes, overbevisning om ting som ikke sess." (Heb 11, 1)

Her har du det.

Dette livet er Gud selv.
Han er selve skaperen av alle ting, hele kosmos og alt bak kosmos, evighetens evighet. Dette er manifestert i skapelsen og gitt oss i Kristus Jesus.

Alt i Ham er gitt oss i den nye skapningen
Kan du skimte størrelsen av hva du er i Kristus Jesus.

Vi har det – hedningene har det ikke
De kan få det igjennom deg og meg. Tro du det og gjør det – så vil hedningene tro det også.
Hvor hen du måtte komme til en hedning nasjon og proklamerer budskapet om Jesus som du tror – så vil de tro det også.
Prøv det ut, kjøp en flybillett og reis. **Proklamer det utfordrende evangeliet som du tror på og resultatene vil ikke utebli.**

Ser du viktigheten?

Mener du å gå med Gud, så må du gjøre det.
Gud vil ha deg som sin røst til verden, igjennom sin sønn Jesus Kristus via den Hellige Ånd i deg.

Det du har i Kristus kan du gi når du tror det.
Verden dør, hvis vi ikke gir den liv. Jeg snakker ikke om religiøse samlinger og lovsang.

De vil tro eller forkaste det du proklamerer
Jeg snakker om den utfordrende proklamasjonen av Jesus Kristus i sterk bevisst tro på Ham. Da vil de du taler til, tro det du proklamerer eller forkaste det. Den saken er helt grei. Alt er et fritt valg, men vi gir dem muligheten til å ta imot den oppstandne Jesus Kristus, som sin frelser og gjenføder. De får muligheten til å bli en ny skapning i Jesus Kristus. Dette er jo helt fantastisk. Dette er den Gud gitte muligheten for et evig liv i herligheten. Mennesker får muligheten til en helt ny start, et helt nytt liv.

Hør på dette:

" For ordet om korset er vel en dårskap for den som går fortapt, men for oss som blir frelst, er det en Guds kraft;" (1 Kor 1, 18)

Er du klar for herligheten skal virke igjennom deg?

Du er Guds mirakel menneske på jorden i dag.
Du kan gi verden det miraklet den trenger nå.
Det er i din ånd alt sammen. Du kan la det strømme ut av din munn.
La din stemme være mennesker til hjelp. Du står ikke frem for mennesker med noe du" håper" virker.
Guds liv er i deg, du er Guds liv og du vet det, du tror det. Det virker igjennom deg. Herligheten er i deg.

Som Jesus sa han var fra Gud, kan du si: Jeg er fra Gud.

" Da døperen Johannes satt i fengslet, sendte han bud med sine disipler til Jesus: Er du den som skal komme, eller skal vi vente en annen?

Og Jesus svarte og sa: Gå bort å fortell Johannes det som dere hører og ser:

Blinde ser og halte går, spedalske renses og døve hører og døde står opp, og evangeliet forkynnes for fattige;" (Matt 11, 3 – 5)

Dette er bevisene i den fysiske verden
Tro det, proklamer det, bevis det i Jesu navn. Få folket til å tro det.
Du kan si: Jeg er en overvinner
En som overvinner alt i Jesu navn.

" Dere er av Gud mine barn (vi som er født på ny), og har seiret over dem, for han som er i dere, er større enn han som er i verden."
(1 Joh 4,4)

" For alt det som er født av Gud, seirer over verden, og dette er den seier som har overvunnet verden, vår tro." (1 Joh 5, 4)

Ser du den voldsomme seieren i oss som er født på ny.

Troen er nøkkelen som får hedningene til å tro evangeliet
Nøkkelen har du. Du kan få hedningene til å tro budskapet du proklamerer.

Du er født til seier
Hemmeligheten ved å" leve" og" være" i ordet, Bibelens ord, er at du står frem for verden, for

hedningene som en overvinner med ordet på
dine lepper. Du står fram som Guds overvinner
sønn i Jesus Kristus.

" For om vi enn vandrer i kjøttet, så strider vi
ikke på kjødelig vis;

For våre stridsvåpen er ikke kjødelige, men mektige for gud til å omstyrte festnings - verker;

Idet vi omstyrter tankebygninger og enhver
høyde som reiser seg mot kunnskapen om Gud,
og tar enhver tanke til fange under lydigheten
mot Kristus, Guds ord" (Ways oversettelse)."
(2 Kor 10, 3 - 5)

Dette har overrasket mange
Dette har overrasket mange, de har ikke sett det,
de har ikke sett etter det. De har ikke satt pris på
hva de har i Kristus. Bibelen vil tale til deg alt
du er i Kristus Jesus. La Bibelen være det som
leder livet ditt. La Guds Ord, Bibelen lede ditt
liv til seier på alle områder.
La andre menneskers liv ble ledet til seier av
Guds Ord som virker igjennom deg til dem.

Slik vinnes krigen hver gang
Er du født på ny, døpt i den Hellige Ånd og er fylt av Guds Ord. Da er du fylt av Guds Ånds liv som kan hjelpe mennesker, akkurat i hva de åndelige ordene du er fylt av innehar. Du tror ordene og proklamerer de ut. Mennesker ser du tror de, da tror de det også og tar imot og får sitt behov dekket.

" Ordet er deg nær, i din munn og i ditt hjerte (ånd) det er troens ord, det som vi forkynner."
(Rom 10, 8)

" For øvrig – bli sterk i Herren og i hans veldes kraft!

Ikle dere Guds fulle rustning, så dere kan stå dere mot djevelens listige angrep;

For vi har ikke kamp mot kjøtt og blod, men mot makter, mot myndigheter, mot verdens herrer i dette mørke, mot ondskapens ånde - hær i himmelrommet.
Ta derfor Guds fulle rustning på, så dere kan gjøre motstand på den onde dag og stå etter å ha overvunnet alt.

Så stå da omgjordet om deres lend med sannhet, og ikledd rettferdighetens brynje,

Og ombundet på føttene med den ferdighet til kamp som fredens evangelium gir,

Og grip foruten alt dette troens skjold, hvormed dere kan slukke alle den ondes brennende piler,

Og ta frelsens hjelm og Åndens sverd, som er Guds ord,

Idet dere til enhver tid ber i Ånden med all bønn og påkallelse, og er årvåkne deri med all vedholdenhet og bønn for alle de hellige,

Og også for meg, at det må gis meg ord når jeg opplater min munn, så jeg med frimodighet kan kunngjøre evangeliets hemmelighet,"
(Ef 6, 10 - 19)

" Og de har seiret over ham, i kraft av lammets blod og de ord de vitnet." (Åp 12, 10)

" Han avvæpnet maktene og myndighetene og stilte dem åpenlyst til skue, idet han viste seg som seierherre over dem på korset." (Kol 2, 15)

" Herren sier: Se, så gjør jeg mine ord i din munn til en ild." (Jer 5, 14)

" Men Ham, Ordet, som kan gjøre mer enn alt, langt ut over det som vi ber eller forstår, etter den kraft som ter seg virksom i oss." (Ef 3, 20)

" Og se, jeg er med dere alle dager inntil verdens ende." (Matt 28, 20)

Hvilken overlegen seier, hvilken mer enn en overvinnende seier, den evige seier. Denne seieren er gitt deg til å tro og proklamere, så troen spres og aktiviseres på et hvert sted du kommer.

11

Guds mirakelgave til verden

Gaven Gud ga

" For så har gud elsket verden at han ga sin egen sønn, den enbårne, for at hver den som tror på Ham, ikke skal fortapes men ha evig liv." (Joh 3, 16)

" I begynnelsen var Ordet og Ordet var hos Gud, og Ordet var Gud." (Joh 1, 1)

"de kom nær til dødens porter.

Da ropte de til Herren i sin nød, og av deres trengsler frelste han dem.

Han sendte sitt ord og helbredet dem og reddet dem fra sine graver." (Salme 107, 18 - 20)

" Og Ordet ble kjød og tok bolig iblant oss, og vi så hans herlighet – en herlighet som den enbårne sønn har fra sin far full av nåde og sannhet."
(Joh 1, 14)

Jesu mirakel fødsel

" Og engelen sa til henne: Frykt ikke, Maria" for du har funnet nåde hos Gud;

Og se, du skal bli fruktsommelig og føde en sønn, og du skal kalle ham Jesus.

Han skal være stor og kalles den Høyestes sønn, og Gud Herren skal gi Ham hans far Davids trone,

Og han skal være konge over Jakobs hus evinnelig, og det skal ikke være ende på hans kongedømme.

Men Maria sa til engelen: Hvorledes skal dette gå til, da jeg ikke vet av mann)

Og engelen svarte henne: Den Hellige Ånd skal komme over deg, og den høyestes kraft skal overskygge deg; derfor skal også det hellige som fødes, kalles Guds sønn."(Luk 1, 30, 35)

" For kjøttets sjel(personlighet) er i blodet."
(3 Mos 17, 11)

La oss se hvordan dette skjedde

Den andre Adam – Kristus Jesus kom til jorden

" Derfor sier han idet han treder inn i verden: Offer og gaver ville du ikke ha, men et legeme dannet du for meg." (Heb 10, 5)

" han som da han var i Guds skikkelse, ikke aktet det for et rov å være Gud lik,

Men av seg selv ga avkall på det og tok en tjeners skikkelse på seg, idet han kom i menneskers lignelse." (Filip 2, 6 – 7)

Jesus sa til dem: Sannelig, sannelig sier jeg dere: Før Abraham ble til, er jeg.

Da tok de steiner opp for å kaste på ham, men Jesus skjulte seg og gikk ut av tempelet."
(Joh 8, 58 – 59)

Gud kom i sin sønn til menneskehetens frelse

" Han kom til sitt eget, og hans egne tok ikke imot ham." (Joh 3,11)

" Men alle dem som tok imot ham, ga han rett til å bli Guds barn, de som tror på hans navn;"
(Joh 1, 12)

Et legeme laget du for meg

" Et legeme laget du for meg." (Heb 10, 5)

Et legeme laget/skapt i det himmelske, i det samme byggemateriale, som vi er dannet i på planeten jorden. Det legemet ble gjort perfekt og innblåst med sjel og ånd, der opp i det himmelske, for så å bli transportert til jorden. Der ble jomfru Maria overskygget med den Hellige Ånd.

Jesus Guds sønn, den andre Adam

Det perfekte legemet, den andre Adam ble lagt i jomfru Marias livmor (utrus). Der utviklet barnet som fikk navnet Jesus seg til fødselsdagen. Barnet lå forseglet bak jomfruhinnen til fødselsdagen. Da ble jomfruhinnen brutt fra innersiden. Dette var den første og siste gangen i menneskehetens historie dette skjedde.

Fullt Gud og fullt menneske

Gud selv kom ned til jorden, i sin sønns skikkelse. Guds egen Ånd var i Kristus, det var den Hellige Ånd. Personligheten/sjelen var det Guds sønn Jesus som hadde. Vilje livet var det også Jesus som hadde.

Alt som skjedde på jorden, måtte Jesus selv bestemme. Han visste at han var kommet til jorden for å forløse menneskeheten fra deres synder og bringe de tilbake i felleskap med Gud Jehova. Denne oppgaven måtte Jesus gjøre av sin egen frie vilje.

, hvis det skulle få den forløsende effekten som kunne bringe mennesket tilbake til Gud.

" Jesus/Han kom for at vi skulle få liv og liv i overflod." (Joh 10, 10)

Den andre Adam kom til jorden for en hensikt

Kristus den andre Adam kom til jorden for en hensikt.

" Dertil er Guds sønn åpenbarte at han skal gjøre ende på djevelens gjerninger." (1 Joh 3, 8)

Satan var den eneste visste at Gud gikk iblant oss i sin sønn. Den andre Adam var kommet. Satan viste sine dager var talt.
Gud vant en fullkommen seier for all evigheters evigheter over Satan og demonene, ja over syndens makt.

" Også dere, som var død ved deres overtredelser, og deres kjøds forhud, dere har han gjort levende med Kristus, idet han tilgav oss alle våre synder,

Og utslettet skyldbrevet mot, som var skrevet med bud, det tok han vekk idet han naglet det til korset.

Han avvæpnet maktene og myndighetene og stilte dem åpenlyst til skue, idet han viste seg som seiersherre over dem, Satan og demonene, på korset." (Koll 2, 13-15)

Den evige seier var vunnet. Jesus har reist tilbake til sin Fader i himmelen, samtidig som han er her i oss som er født på ny og er fylt av den Hellige Ånds kraft..

Tenk deg hvilken Guddommelig ferd – du tror Ordet og proklamerer det - de du proklamerer til vil også tro det –
Ser du troes seieren vår i Kristus

Det var ikke rart djevelen hatet Jesus Kristus
Jesus var Gud Jehova, den selveksisterende som åpenbarer seg og er evig.
Gud skaperen av kosmos og alt utenfor der, vandret rundt på denne mikro planeten i tretti tre og et halvt år. Kun en visste hvem han var, det var djevelen. Menneskeheten hadde ingen aning om det.

" Jesus sa til dem: Sannelig, sannelig sier jeg dere: Før Abraham ble til, er jeg.

Da tok de steiner opp for å kaste på Ham, men Jesus skjulte seg og gikk ut av tempelet."
(Joh 8, 58 - 59)

Jesus hadde kommet veldig nær til å fortelle hvem han virkelig var –
Mennesker i sansekunnskapens verden, var ikke i stand til å forstå det åndelige perspektivet.

" Men om de dødes oppstandelse, har dere da ikke lest hva som er sagt dere om det av Gud, som sier:

Jeg er Abraham, Isak og Jakobs Gud? Har er ikke de dødes Gud, men de levendes."
(Matt 22 31 – 32)

Dette var grensen for hva Herren kunne åpenbare seg
Vi som er troende kan se tilbake på dette og gjenkjenne dette som gud fra det gamle testamentet.
Dette på grunn av åpenbaringskunnskapen i Paulus brev.

Vi leser:" Jeg som er omskåret på den åttende dag, av Israels ætt, av Benjamins stamme, en hebreer av hebreere, overfor loven en fariseer,

I nidkjærhet en forfølger av menigheten, i rettferdighet etter loven ulastelig.

Men det som var meg vinning, det har jeg for Kristi skyld aktet for tap;

Ja, jeg akter og i sannhet alt for tap, fordi kunnskapen om Kristus Jesus, min Herre, er så meget mer verd, han for hvis skyld jeg har lidt tap på alt, og jeg akter det for skarn, for at jeg kan vinne Kristus

Og finnes i Ham, ikke med min rettferdighet, den som er av loven, men med den som fås ved troen på Kristus, rettferdigheten av Gud på grunn av troen," (Fil 2, 5 – 9)

Dette er Jesu jordiske mirakelvandring

" Og som enhver må bekjenne, som en gudsfryktens hemmelighet: Han som ble åpenbart i kjød, rettferdiggjort (tok sin rett) i ånd, sett av engler, forkynt iblant folkeslag, trodd i verden, opptatt i herlighet." (1 Tim 3, 16)

Den tristeste vandring som noensinne har vært vandret på jorden

Guds jordiske vandring, var den tristeste vandring som noen gang hadde tatt plass på jorden. Jesus kom ikke ned på jorden for å ha et forlystelig liv, Jesus kom her til jorden for en hel spesiell hensikt, en hensikt han visste alt om, en hensikt som var nødvendig for menneskehetens redning.

En lidelsens vandring igjennom et liv på tretti tre og et halvt år. Det er umulig for et menneske å forstå hva dette innebar. **Det var Gud selv som vandret rundt i et menneskes skikkelse, i sin sønn Jesu kropp.**

" Pilatus sier til dem: Hva skal jeg da gjøre med Jesus, som de kaller Messias? De sier alle: La ham korsfeste!

Han sa da: Hva ondt har han da gjort? Men de ropte enda sterkere: La ham korsfeste"

Da Pilatus så at an intet utrettet, men at det bare ble større oppstyr, tok han vann og vasket sine hender for folkets øyne og sa: Jeg er uskyldig i denne rettferdiges blod; se dere dertil!

Og alt folket svarte og sa: Hans blod komme over oss og over våre barn!

Da ga han den Barabbas fri; men Jesus lot han hudstryke og overgav ham til å korsfestes."
(Matt 27, 22 - 26)

Guds eget paktfolk ropte: la han korsfeste. Hvilken tragedie, men hvilken seier. Kan du se det. Alle Guds seiere fødes igjennom lidelsens vei.
Som det var med Kristus Jesus, vil det også være med oss. Han gikk lidelsens vei og vant en evig forløsning for menneskeheten.
Vi går vår lidelsens vei og blir forberedt til å bringe Jesus forløsnings seier ut til menneskeheten verden over.

Hør på dette Bibelstedet:" den som ingen av denne verdens herrer kjente, for hadde de kjent

Ham, da hadde de ikke korsfetet herlighetens Herre." (1 Kor 2, 8)

Jesu mirakel død og oppstandelse

" han som ga seg selv for våre synder, for å fri oss ut av den nåværende onde verden etter vår Gud Faders vilje." (Gal 1, 4)

" og da han i sin ferd var funnet som et menneske, fornedret han seg selv, så han ble lydig inntil døden, ja korsets død." (Fil 2, 8)

Ingen kunne ta Jesu liv, Han ga sitt liv
Det var ingen som kunne ta Jesu liv. Han var Herre over død og grav. Han ga sitt liv frivillig for hele menneskehetens forløsning og frelse. Menneskehetens forløsning fra forbannelsen og over i Guds rike velsignelse og kjærlighet,

Vår frelser Jesu seirende lidelses historie

" Foraktet var han og forlatt av mennesker, en mann full av piner og vel kjent med sykdom, han var som en som folk skjuler sitt åsyn for, foraktet, og vi aktet ham for intet.

Sannelig, våre sykdommer har han tatt på seg,
og våre piner har han båret; men vi aktet ham for
plaget, slått av Gud og gjort elendig.

Men han er såret for våre overtredelser, knust for
våre misgjerninger; straffen lå på ham, for at vi
skulle ha fred, og ved hans sår har vi fått legedom.

Vi for all vill som får, vi vendte oss hver til sin
vei; men Herren lot våres alles misgjerninger
ramme ham.

Han ble mishandlet enda han var elendig, og han
opplot ikke sin munn, lik et lam som føres bort å
slaktes, og lik et får som tier når de klipper det;
han opplot ikke sin munn.

Ved trengsel og ved dom ble han rykket bort;
men hvem tenkte i hans tid at når han ble utryddet av de levendes land, så var det for mitt folks
misgjerningers skyld plagen traff ham?

De ga ham hans grav blant ugudelige, men hos
en rik var han i sin død, fordi han ingen urett
hadde gjort, og det ikke var svik i hans munn.

Men det behaget Herren å knuse ham, han slo ham med sykdom; når hans sjel bar frem skyldofferet, skulle han se avkom og leve lenge, og Herrens vilje skulle ha fremgang ved hans hånd." (Jes 53, 3 - 10)

Ser du hva han ga for oss alle?

" Da nå Jesus hadde fått eddiken, sa han: Det er fullbrakt, og han bøyde sitt hode og oppgav sin ånd." (Joh 19, 30)

I det samme øyeblikk som seieren var vunnet og Jesus sa "Det er fullbrakt", åpnedes gravene rundt i området for korsfestelsen pg de døde gikk ut og viste seg for mange.

Forhenget revnet og gravene åpnedes opp

" Og se forhenget i tempelet revnet i to stykker fra øverst til nederst, og jorden skalv, og klippene revnet,

Og gravene åpnedes, og mange av de hensovende helliges legemer stod opp,

Og de gikk ut av gravene etter hans oppstandelse, og kom inn i den hellige stad og viste seg for mange.

Men da høvedsmannen og de som holdt vakt med ham over Jesus, så jordskjelvet og det som skjedde, ble de såre forferdet og sa: Sannelig, denne var Guds sønn." (Matt 27, 51 - 54)

Kan du se hvilket budskap vi har å proklamere i Åndens kraft til den del av menneskeheten som ennå ikke har hørt evangeliet. Det er det som må til så Jesus kan komme igjen.

Ta disse versene du som er proklamatøren, poeten, bevisprodusenten(martyren), Jesu disippel, **som din personlige befaling, arbeidsoppgave fra Gud.**

" Jesus sa til disiplene: Gå ut i all verden og gjør alle folkeslag til mine disipler." (Mark 16, 15)

" Og Jesus trådte frem, talte til dem og sa: Meg er gitt all makt i himmel og på jord;

Gå derfor ut og gjør alle folkeslag til disipler, idet dere døper dem i Faderens, sønnens og den Hellige Ånds navn,

Og lærer dem å holde at det jeg har befalt dere. Og se jeg er med dere alle dager inntil verdens ende." (Matt 28, 18 - 20)

" Jesus sa: Og dette evangeliet om riket skal forkynnes over hele jorderike til et vitnesbyrd (martyrium) for alle folkeslag, og da skal enden komme." (Matt 24, 14)

" fordi du ble slaktet og med ditt blod kjøpte oss til Gud av hver stamme og tunge og folk og ætt," (Åp 5, 9)

" Time til å høste er kommet; for høste på jorden er overmoden." (Åp 14, 15)

12

Mirakler er for verden

" Paulus sa: Min tale og forkynnelse var ikke med visdoms overtalene ord (sansekunnskap), men med Ånds og krafts bevis.

For at deres tro ikke skulle være grunnet på menneskers visdom (sanse kunnskap), men på Guds kraft." (1 Kor 2, 4 - 5)

Hvorfor Ånds og krafts bevis til fellesskapet (koinonia) i Korint?
Det var Guds guddommelige, overnaturlige, åndelige kraft, utenfor den fysiske mulighet, som skulle være bevisene for Gud Jehovas tilstedeværelse og hans forløsende kraft i sin sønn Jesus Kristus. Paulus forsto dette og levde i den dimensjonen med sitt liv, som du også kan.

Ånds bevis

Dette beviset, er beviset av Guds karakter i deg, beviset for hans eksistens i deg. Hør her:

" Gud er ånd" (Joh 4, 24)

" Gud er kjærlighet" (Joh 4, 16)

Ånds beviser er Jesu kjærlighet åpnbart igjennom din personlighet til verden rundt deg. Dette er menneskers opplevelse av Kristus i deg. Dette er fantastisk, i den grad Kristus er i deg med styrke vil også demonene og Satans verden i ånden reagere på deg.
Etter du har opplevd Kristus igjennom et menneske, så vet du det er sant.
Det er følelsen og det visuelle av mennesket folket opplever, i sammen med åpenbaringen som forkynnes. For å si det med åpenbaringen på en lettfattelig måte, så er det den lette måten og forstå og tro det som blir proklamert, poetisk.

Krafts bevis

Få med deg nøye hva disse versene sier.

" Jesus sa til disiplene: og når dere går av sted, da forkynn at himlenes rike er kommet nær!

helbred syke, oppvekk døde, rens spedalske, driv ut onde ånder, for intet har dere fått det, for intet skal dere gi det." (Matt 10, 7-8)

" Jesus svarte og sa til dem: En ond og utro slekt krever tegn, og tegn skal ikke gis den, uten profeten Jonas tegn.

For likesom Jonas var tre dager og tre netter i fiskens buk, således skal menneskesønnen være tre dager og tre netter i jordens skjød."
(Matt 12, 39 – 40)

" Da begynte Jesus å refse de byer hvor hans fleste kraftige gjerninger var gjort, fordi de ikke hadde omvendt seg;

Ve deg, Korasin! Ve deg, Betsaida! Dersom de kraftige gjerninger som er gjort i dere, var gjort i Tyrus og Sidon, da hadde de for lenge siden omvendt seg i sekk og aske.

Dog sier jeg dere: Det skal gå Tyrus og Sidon tåleligere på dommens dag enn dere.

Og du Kapernaum, som er blitt opphøyet like til himmelen! Like til dødsriket skal du bli nedstøtt; for dersom de kraftige gjerninger som er gjort i deg, var gjort i Sodoma, da var det blitt stående til denne dag." Matt 11, 20 – 23)

Det er ikke lenger noen unnskyldning som holder
Når det gjelder krafts bevisene, ser vi alvoret i det å ha opplevd Guds kraft. Det finnes ikke lenger noen unnskyldning for ikke å bli født på ny, ja, bli frelst. Du vet med full overbevisning at dette er sannheten og redningen for dit liv.

Valget er ditt
Velger du nei, så er det ditt frie valg som må respekteres. Men enden på livet ditt, kan jeg ikke dømme om. Jeg gir deg muligheten til å møte Kristus igjennom kraft demonstrasjonene av Guds herlighet.

Hva er krafts bevis

Det siste Jesus sa til disiplene sine, før han ble løftet opp til himmelen i Apg 1, 9 var:
" Men dere skal få kraft i det den Hellige Ånd kommer over dere, og dere skal være mine vitner (martyrer, bevis produsenter), både i Jerusalem og i hele Judea og Samaria og like til jordens ender." (Apg 1, 8)

Det som Jesus her sa imellom vers 8 og 9, kan vi se i Markus 16, 15 - 20, hvor han sa:

" Gå ut i all verden og forkynn evangeliet for all skapningen.

Og disse tegn skal følge den som tror, i mitt navn skal de drive ut onde ånder, de skal tale med tunger,

De skal ta slanger i hendene, og om de drikker noe giftig skal det ikke skade dem, på syke skal de legge sine hender og de skal bli helbredet.

Så ble den Herre Jesus etter han hadde talt til dem, opptatt til himmelen, og satte seg ved Guds høyre hånd.

men de gikk ut og forkynte ordet allesteds, og Herren var med og stadfestet ordet ved de tegn som fulgte med." (Mark 16, 15-20)

Kristus visste hva som måtte til
Det var overbevisende mirakler for den fysiske verden, en demonstrasjon av den åndelige virkelighet som måtte til og den startet med disiplene til Jesus og fortsetter den dag i dag.

Det er alltid den samme opplevelse
Jeg opplever alltid i møter verden rundt at mirakler i alle varianter og at demonene kommer ut, uten at jeg har gjort noen ting. Har vi den rette forståelsen, åpenbaringen, villigheten, troen og overgivelsen, så vil Gud flyte med sin Hellige Ånds kraft igjennom oss.

Vi er først og fremst et Jesu Kristi vitne
Paulus forteller at Jesus åpenbarte seg for ham og kalte ham til tjeneste.

" Derfor åpenbarte jeg meg for deg, for å utkåre deg til tjener og vitne." (Apg 1, 21 – 22)

La oss høre videre hva disiplene sa:

" Derfor bør en av de som vandret sammen med oss i all den tid den Herre Jesus gikk inn og ut hos oss, like fra sin dåp ved Johannes inntil den dag da han ble opptatt fra oss – en av disse bør sammen med oss bli vitne om hans oppstandelse." (Apg 1, 21 – 22)

Her var ikke viktigheten at vedkommende skulle være apostel, men først og fremst et vitne. Det er vitnet som overbeviser. Vitnet har sett, vitnet har lært og vitnet kan med troverdighet, gi videre med stadfestelser av de guddommelige sannheter.

Mange vil si: jeg har ikke tro nok – Guds ord sier: du har tro nok

" Alt det som er født av Gud overvinner verden, og dette er den seier som har overvunnet verden, vår tro."(1 Joh 5, 4)

Mange vil si: Jeg har ikke kraft nok – Guds ord sier: du har kraft nok

Jesus sa: Dere skal få kraft i det den Hellige Ånd kommer over dere, og dere skal være mine vitner." (Apg 1, 8)

Mange sier: Jeg har ikke mot nok – Guds ord sier: du kan få mer

" Menigheten ba for Peter og Johannes. De ba: Og nå Herre, hold øye med deres trusler, og gi dine tjenere å tale ditt ord med all frimodighet.

Idet du rekker ut din hånd til helbredelse og til tegn og undergjerninger ved din hellige tjener Jesu navn." (Apg 4, 29 - 30)

" Paulus og Barnabas forkynner. De ble nå en lang stund der og talte frimodig i Herren, som ga sitt nådes ord vitnesbyrd idet han lot tegn og under skje ved deres hender." (Apg 14, 3)
" og da Paulus la hendene på dem, kom den Hellige Ånd over dem, og de talte med tunger og profetiske ord.

Disse menn var i alt omkring tolv.

Han gikk da inn i synagogen og talte frimodig i tre måneder, idet han holdt samtaler med dem og overbeviste dem om det som hører Guds rike til.

Men da noen forherdet seg og ikke ville tro, og talte ille om Guds vei så mengden hørte på det, da brøt han lag med dem og skilte disiplene fra dem, og holdt daglige samtaler i Tyrannus skole.

Dette varte i to år, så alle som bodde i Asia, fikk høre Herrens ord, både jøder og grekere.

Og usedvanlige kraftgjerninger gjorde Gud ved Paulus hender,

Så at de endog tok svetteduker eler forklær som han hadde hatt på seg og bar til de syke, og sykdommene vek fra dem, og de onde ånder for ut av dem." (Apg 19, 6 – 12)

" De ugudelige flyr uten at noen forfølger dem, men de rettferdige er djerve, frimodige som ungløven." (Ordspr 28, 1, king James)

Uten djervhet ikke noe resultat

Ut ifra disse vers og opplevelsene de innehar, så ser vi helt klart at "troes kraft forkynnelse" uten djervhet er "troes kraft teologi". Det vil kun være enn masse store tomme ord. Ordene blir ikke fylt med kraften før du er djerv nok til å tror de. Det vil si handle på ordene, ja, gjøre ordene. Du må sette ordene ut praktisk utøvelse i den fysiske verden.

Til Afrika med tro, kraft og djervhet

Dette har også vært mine gjennomgående erfaringer fra første gang jeg reiste til Afrika som en ung mann. Jeg hadde blitt født på ny, døpt i den Hellige Ånd og døpt i vann. Dette skjedde i løpet av en måned i Februar 1973.

Jeg gikk øyeblikkelig i gang med å be for syke, utdrivelse av onde ånder kom også på banen bare etter noen helt få måneder.

Djervhetens nødvendighet

Jeg så helt klart hva som var en nødvendighet i sammen med troen og kraften. Jeg måtte våge å tro Guds ords løfter, jeg måtte våge å tro at kraften den hadde jeg fått i dåpen i den Hellige Ånd.

Jeg stolte på Guds ord, slik det sa det var. Jeg gikk på med sterk djervhet.

Resultatene lot ikke vente på seg.
Jeg opplevde mengdevis av resultater når det gjaldt helbredelser og utfrielser helt fra oppstarten som en kristen.
Etter 3 år, da var jeg 23 år og klar for første reise til den tredje verden. Første tur gikk til Kenya i Øst Afrika. Fra mitt aller første møte i den tredje verden var mirakler og tegn og under et sterkt faktum. Det har det vært i alle møter uten unntak i over 40 år.

Jesu seier på Golgata står fast til evig tid.
Hver bevisst på at du har kraften, hver bevisst på at du har troen og bruk djervheten så sterkt du bare kan . Det er bare å sette i gang.

Guds ord skaper to ting – tegn, under og mirakler og motstand

" I Jesus Kristus vår Herre, i hvem vi har vår frimodighet og adgang med tillit ved troen på Ham." (Ef 3, 12)

" Paulus sa: Etter min inderlige lengsel og mitt håp om at jeg ikke skal bli til skamme i noen ting, men at Kristus, som alltid, så og nå, med all frimodighet skal bli forherliget ved mitt legeme, enten det blir ved liv eller død." (Fil 1, 20)

" Og alle de som vil leve gudfryktig i Kristus Jesus, skal bli forfulgt." (2 Tim 3, 12)

Jesus sa til disiplene i sin avskjedstale til dem: Har de forfulgt meg, så skald e også forfølge dere." (Joh 15, 20)

Er du villig til å gå veien med Kristus i tro, kraft og djervhet
Vil du gjøre det, vil motstanderne være der og det samme vil seirene i Kristus Jesus. Seieren i Kristus Jesus vil være der i deg. Du har blitt født inn i vinnerlaget.

13

Rør ved verdens hjerter

" Og min tale og forkynnelse var ikke med visdoms overtalende ord, men med Ånds og krafts bevis,

For at deres tro ikke skulle være grunnet på menneskers visdom, men på Guds kraft."
(1 Kor 2, 4)

Det er ikke nok til å snakke om kongeriket – vi må bevise kongeriket
Vi er bevisprodusentene, de kongelige proklamatører. Se deg selv i den posisjonen.

" Jesus sa: Men e det ved Guds Ånd jeg driver ut de onde ånder, da er jo Guds rike kommet til dere." (Matt 12, 28)

Du er katalysatoren og portalen

Ser du det, Guds rikes kraft fra den åndelige verden, skal materialiseres igjennom deg, bringes inn i den fysiske verden av deg. Du er katalysatoren og portalen inn i på planeten jorden.

" Og i Lystra satt det en mann som ikke hadde makt i føttene, da han var vanfør fra morsliv av, og som aldri hadde kunnet gå.

Han hørte Paulus tale, denne så skarpt på ham, og da han så at han hadde tro til å bli helbredet, sa han med høy røst:

Reis deg å stå opprett på dine føtter. Og han sprang opp og gikk omkring.

Men da folket så det som Paulus hadde gjort, ropte de med høy røst på Lyakonisk og sa: Gudene har blitt mennesker lik og er kommet ned til oss." (Apg 14, 8 – 11)

Der hvor du er, er Guds rikes kraft. Du kan få den fjerde dimensjonens krefter, kreftene i Guds Ånd til å manifistere seg på jorden, som er en planet underlagt de 3 dimensjonale lover. Planeten hvor du lever ut ifra dine sanser.

Det er hva Jesus befalte sine disipler å gjøre

Hør hva Jesus sier til disiplene.

" Og når dere går av sted, da forkynn dette budskap: Himlenes rike er kommet nær.

Helbred syke, oppvekk døde, rens spedalske, driv ut onde ånder. For intet har dere fått det, for intet skal dere gi det." (Matt 10, 7 – 8)

Demonene manifesterer seg

Demoner begynner alltid å manifestere seg i møtene jeg har. De begynner å manifestere seg mens jeg står og taler. Da får jeg hjelperne som er med til å ta de ut fra mengden og tar de med bak plattformen. Der kaster de demonene ut av de. Det er også andre måter jeg gjør det på. Det kommer helt ann på situasjonen. Når jeg kommer til møtene, forventer jeg alltid demonenes manifestasjoner og at syke begynner å bli helbredet.

La den fjerde dimensjonens krefter bli brakt til verden av deg

Du som er født på ny er redskapet. Du har kraften, bruk troen, bruk den djervt.

" Jesus sa: Dersom dere blir i mitt ord, da e dere i sannhet mine disipler." (Joh 8, 31)

" Jesus sa mer til disiplene, Han sa: Jeg e med dere alle dager inntil verdens ende."
(Matt 28, 20)

Du kan gjøre dette i Jesu navn, hvis du er villig til å bli en sann disippel av Jesus. En som har Jesus som Herre i sitt liv.
Jesus er med deg via den Hellige Ånd. Du kan innta territorier i Jesu navn. Du kan forandre omstendighetene, samme hvor du er.

Se dine omstendigheter som Gud ser dem
Hør hva Bibelen sier:

" I begynnelsen var Ordet og Ordet var hos Gud, og Ordet var Gud." (Joh 1, 1)

Dette her er meget enkelt og forstå.

Å se hva Gud ser, er å se hva Guds ord sier.

" Men vi som med et utildekket åsyn skuer herrens herlighet som i et speil, vi blir alle forvandlet til det samme bilde fra herlighet til herlighet, som av herrens Ånd." (2 Kor 3, 18)

Det blir som å se seg i speilet
Hvilken fantastisk uttalelse av Paulus i sitt brev til Korinterne. Denne enkle forklaringen, gir deg en åpenbaring over denne virkelighet.
Når du ivrig studerer Guds skrevne Ord og adlyder Guds skrevne Ord, Da vil du litt etter litt, bli mer og mer lik Guds Ord.
Det blir som å se seg i speilet. Du blir lik det du ser – skrevet eller det du erfarer av Guds Ords løfters oppfyllelse, når du går ut på det i djerv tro på at Guds kraft er i deg og med deg i Jesu navn.

La kongerike kraften flyte fra tempelet

" Vet dere ikke at deres legemer er et tempel for den Hellige Ånd, som bor i dere, og som dere har fra Gud, og at dere ikke hører dere selv til. (1 Kor 6, 19)

" Den som tror på meg som skriften har sagt, ut av hans indre skal det strømme elver av kongerike vann." (Joh 7, 38)

Oppfyll du din del, så oppfyller Gud sin, det går helt automatisk

Ser du, det er i deg, det er bare å gå med det. Du trenger ikke trygle og be, du trenger ikke noen spesielle forsikringer fra Gud, du får det heller ikke. Det vil bare noe du eventuelt innbiller deg du har fått. Du har det skrevne Guds Ord. Oppfyller du din del som en Jesu Kristi disippel, så oppfyller Gud sin del. Når alle deler er på rett plass, fungerer det.

Gi verden hva du vil dens kal ha

" Jesus sa: Dersom dere blir i meg og mine ord blir i dere, da be om hva dere vil og dere skal få det." (Joh 15, 17)

" Men har sin lyst i Herrens lov og grunner på hans lov dag og natt.

Han skal være lik et tre plantet ved rennende bekker, som gir sin frukt i sin tid, og hvis blad ikke visner, og alt hva han gjør, skal han ha lykke til." (Salme 1, 2 – 3)

Ser du? Er livet ditt på rett plass med Herren, så vil kraften fra Gud flyte igjennom deg.

Du er Guds beste – gi det til din neste – verden over

"og dette evangeliet om riket skal forkynnes over hele jorderiket til et vitnesbyrd (martyrium), for alle folkeslag, og da skal enden komme." (Matt 24, 14)

Dødens makt er brutt – La Guds kjærlighets drøm flyte igjennom deg til en lengtende verden.

Til hva slags mennesker ga Jesus denne store befalingen?

" Jesus sa: Gå ut i all verden og forkynn evangeliet for all skapningen." (Mark 16, 15)

Les versene 16 til 19 også. Jeg har de og med litt tidligere i boken. De inneholder arbeidsred-

skapene for å utføre denne oppgaven fra Gud, som er til oss alle sammen uten unntak.
Hvis vi tar en titt på vers 14, så ser vi hva slags mennesker Jesus ga denne befalingen til først. Det var Jesus disipler som hadde gjemt seg bort og var livredde. Satan ropte inn i tankene deres og sa: Nå har de tatt Jesus, nå skal de ta dere også. Hør hva verset sier:

" Men til sist åpenbarte han seg for de elleve selv, men de satt til bords, og han refset dem for deres vantro og harde hjerter, fordi de ikke hadde trodd dem som hadde sett ham oppstanden." (Mark 16, 14)

Se på disiplene og se på deg selv
Ser du mulighetene som du har. Disiplene var enkle mennesker, som vi alle er. Kunne Jesus bruke disse, så kan og vil han også bruke deg.
Kom deg i posisjonen, så er du i progresjonen.

Vi er Guds redskaper
Tro at Guds kraft er nedlagt i deg fra du ble født på ny, ble en ny skapning og døpt i den Hellige Ånd. Hvis ikke dette er sant, så ville ikke Gud ha sagt:

" Dersom du med din munn bekjenner Jesus som Herre, og i ditt hjerte tror at Gud oppvakte Ham ifra de døde, da skal du bli frelst." (Rom 10, 9)

Zoe
Ordet frelst, heter på engelsk saved. På norsk betyr dette ordet reddet. Fra gresk til norsk betyr det "reddet til ånd, sjel og kropp. Dette er virkeligheten i ditt nye liv i Kristus.
Gud har lagt alt til rette i ditt liv, slik at du er i stand til å utrette det han ber deg om, bare du er i posisjon med livet ditt, det bestemmer du selv.

Gud ville aldri be deg om å gjøre noe du ikke var i stand til å gjøre.

" Alt har han gjort skjønt i sin tid, også evigheten(verden, kosmos) har han lagt deres hjerte, men således at mennesket ikke til fulle kan forstå det verk Gud har gjort, fra begynnelsen til enden." (Fork 3, 11)

" Av nåde er dere frelst, ved tro, og det er ikke av dere selv, det er en Guds gave." (Ef 2, 8)

Ser du, mulighetene for å utføre det umulige er lagt i deg.
Det betyr fra Guds side, at Gud er klar hvis du er klar.
Verden venter på deg, verden venter på Guds mektige menn, mennesker som bringer med seg kongeriket, du kan være en av dem.

Gå og berør verdens hjerte
Mennesker vil elske deg, de dyrebare mennesker som Jesus ga sitt liv for. Gud er fremdeles Gud, så gå å berør verdens hjerter.

14

Du er Guds stemme til verden

" Og Herren skal lede deg i all tid og mette deg midt i ødemarken, og dine ben skal han styrke, og du skal bli som en vannrik hage, so et kildevell der vannet aldri slipper opp." (Jes 58, 11)

" Jesus sa: Den som tror på meg som skriften har sagt, av hans liv skal det renne strømmer av levende vann.

Dette sa han om den Ånd som de skulle få som trodde på Ham, for Ånden var ennå ikke kommet, fordi Jesus var ennå ikke herliggjort. "
(Joh 7, 38 - 39)

Gud ønsker sin Ånd materialisert i dag, igjennom deg. Du er Guds stemme til verden i dag.
Forsoningsverket er fullbrakt, seieren er sendt videre til deg. Kristus vil du skal være en del av

sluttføring av hans befaling med den Hellige Ånds kraft og med bruken av de redskapene han har gitt deg for oppgaven i hans navn, i Jesu navn. Dette står i Mark 16, 15 -19 så flott forklart.

Du er Guds budbærer, der du er, er Kristus i deg og igjennom deg.

" Hvor fagre er på fjellene dens føtter som kommer med gledes bud, som forkynner fred, som bærer gode nyheter, som forkynner **frelse**." (Jes 52, 7)

Hvilket privilegium. Tenk deg, være budbringer med livet. Kristi liv pulserende over dine lepper til en døende verden. Der du kommer, kommer det evige livet, igjennom deg ved den Hellige Ånd i det vidunderlige Jesu navnet.

I den grad hans guddommelige natur er i deg, vil du være hans munn

" Ettersom hans guddommelige makt har gitt oss alt som tjener til **liv** og **gudsfrykt**, ved kunnskapen om han som kalte oss ved sin egen herlighet og kraft.

Og derved har gitt oss de største og dyreste løfter, for at dere ved dem skulle få del i **Guddommelig natur**..." (2 Peter 1, 3 - 4)

Guds evig natur i deg, er kalt" evig liv"

" Jesus sa: Djevelen kommer bare for å stjele, myrde og ødelegge, men jeg er kommet for de skulle ha liv og ha overflod." (Joh 10, 10)

Dette livet er Gud, Guds skaper muligheter, som Gud manifesterte igjennom skapelsen og videre har gitt til oss.
Den mirakelarbeidende kraft er gitt oss i Jesu navn.

" Ved tro skjønner vi at verden er kommet i stand ved Guds ord, så det som sees, ikke ble til av det synlige." (Heb 11, 3)

Reflekter over det som er deg gitt i Kristus. Den skapende mulighet som sett i skapelsen, er nå tilgjengelig for oss, etter det skrevne Guds ords retningslinjer. Dette er tilgjengelig for den nye skapningen.

Hedning nasjonene har den ikke.
De eksisterer på planeten jorden uten håp utover deres begrensede eksistens.

" Kom i hu at dere som fordum var hedninger ...

At dere på den tid sto utenfor Kristus ......
fremmed for pakten med dets løfter, uten håp og uten Gud i verden;" (Ef 2, 11 – 12)

La din stemme være mennesker til hjelp
Du er Guds stemme til verden. Verden dør, hvis vi ikke gir den livet. Du er Guds mirakelmenneske. Du kan gi verden det miraklet den trenger. Det er i din ånd, du kan la det flyte ut av din munn.
La din stemme være mennesker til hjelp.

Det virker – hedningenes håp er i deg
Du står ikke frem for mennesker med noe du" håper" virker. Du er guds stemme, Guds liv til verden og du vet det.

" men nå i Kristus Jesus, er dere som var langt borte, kommet nær til ved Jesu Kristi blod."
(Ef 2, 13)

" For så høyt har Gud elsket verden at han ga sin sønn, den enbårne, for at hver den som tror på ham ikke skal fortapes, men ha evig liv."
(Joh 3, 16)

" Jesus sier: For at hver den som tror, tror på Jesus, skal ha evig liv.

For Gud sendte ikke sin sønn til verden for å dømme verden, men for at verden skulle bli frelst, ved ham.

Den som tror på ham, blir ikke dømt;"
(Joh 3, 15,17,18)

Guds liv er i deg og du vet det
Du gir livet til hedningene, du gir det håpets evige virkelighet. Du gir gjenkjennelsens seier
(Fork 3, 11)

 De kommer nær til Kristus på grunn av hans evig seirende hellige blod. Seieren som han vant på Golgata kors over alt Satans velde en gang for all evighet, (Joh 19, 28 - 34)

Hør på dette vers, det er til deg
" Og de seiret over ham, Satan og demonene, i kraft av lammets, Jesu blod og de ord det vitnet (martyrium); og de hadde ikke sitt liv kjært, like til døden." (Åp 12, 11)

Ser du, - på grunn av Jesus har du Guds liv i deg.

Som Jesus sa, kan du si: Jeg er fra Gud

" Men da Johannes i fengslet hørte om Kristi gjerninger, sendte han bud med sine disipler og lot si til Jesus:

Er du den som skal komme, eller skal vi vente en annen?

Og Jesus svarte og sa til dem: Gå bort og fortell Johannes det dere hører og ser:

Blinde ser og halte går, spedalske renses og døve hører og døde står opp, og evangeliet forkynnes for fattige;" (Matt 11, 2 – 5)

Som en sendt fra Gud, skal disse tegn følge deg

" Disse tegn skal følge den som tror: I mitt navn skal de drive ut onde ånder, de skal tale med tunger,

Og de skal ta slanger i hendene, og om de drikker noe giftig, skal det ikke skade dem; på syke skal de legge sine hender, og de skal bli helbredet." (Mark 16, 17 - 18)

Hør også her hva Jesus sa til disiplene:" Og han kalte sine disipler til seg og ga dem makt over urene ånder, til å drive dem ut, og til å helbrede all sykdom og all skrøpelighet.

Og når dere går av sted, da forkynn dette budskap: Himlenes riker er kommet nær!

Helbred syke, oppvekk døde, for intet har dere fått det, for intet skal dere gi det."
(Matt 10, 1 og 7 -8)

" Jesus sa til de jøder som var kommet til troen på ham: Dersom dere blir i mitt ord, da er dere i sannhet mine disipler" (Joh 8, 31)

Er Bibelen de regjerende ord i våre liv, da er vi Jesu disipler, da er vi sendt av Gud. Seieren Jesus vant er da gitt oss i hans navn til utøvelse av oss.

" Jesus trådte frem og sa: Meg er gitt all makt i himmel og på jord;

Gå derfor ut og gjør alle folkeslag til mine disipler...." (matt 28, 18 – 19)

Ser du hva du har, og hvem du er i Kristus.

Du kan si: Jeg er en overvinner i Kristus
Er ikke det fantastisk, når bare våre åndelige øyne blir åpnet for disse virkeligheter og fører det til vår naturlige forståelse. En forståelse i vårt menneskelige sinn, i den tre dimensjonale fysiske verden.
Hør Guds ord og gjør det.

" Dere er av Gud mine barn, og har seiret over dem, for han som er i dere, er større enn han som er i verden." (1 Joh 4, 4)

Skriften sier videre

" For alt det som er født av Gud, seirer over verden, og dette er den seier som har seiret over verden, vår tro." (1 Joh 5, 4)

Du er født til å vinne
Hemmeligheten ved å" leve livet" og" være i Guds ord", er at du kan stå frem for den verden vi lever i, som en vinner, Du kan stå fram som
" Guds overvinner sønn"

"Om jeg er aldri så menneskelig, kjemper jeg allikevel ikke med menneskelige våpen

For våre stridsvåpen er ikke kjødelige, sanselige, men i styrke fra Gud er de mektige nok til å styrte ned alle fiendens festningsverker,

Jeg kan slå ned ett hvert festningsverk av tanke bygninger (sansekunnskap) og enhver høyde som reiser seg mot kunnskapen om Gud (åpen-

baringskunnskap) og tar enhver tanke (sansekunnskap) til fange under lydigheten mot Kristus," (2 Kor 10, 3 - 5)
som da igjen er mot Guds skrevne ord.

Dette overrasker mange, de har ikke sett det, de har ikke lest det, de har ikke forstått det, hva de har i Kristus.
Men det har vi nå.

" Ordet er deg nær, i din **munn** og i ditt hjerte(ånd), det er troens ord, det som vi forkynner." (Rom 10, 8)

" For øvrig – bli sterke i Herren og i hans veldes kraft!

Ikle dere Guds fulle rustning, så dere kan stå dere mot djevelens listige angrep;

For vi har ikke kamp imot kjøtt og blod, men mot makter, mot myndigheter, mot verdens herrer i dette mørket, mot ondskapens åndehærer i himmelrommet.

Ta derfor Guds fulle rustning på, så dere kan gjøre motstand på den onde dag og stå etter å ha overvunnet alt.

" Så stå da omgjordet om deres lend med sannhet, og ikledd rettferdighetens brynje,

Og ombundet på føttene med den ferdighet til kamp som fredens evangelium gir,

Og grip foruten alt dette troens skjold, hvormed dere skal kunne slukke alle den ondes brennende piler,

Og ta frelsens hjelm og Åndens sverd, som er Guds ord,

Idet dere til enhver tid ber i Ånden med all bønn og påkallelse, og er årvåkne deri med all vedholdenhet og bønn for alle de hellige,

Og også for meg, at det må gis meg ord når jeg opplater min munn, så jeg med frimodighet kan kunngjøre evangeliets hemmelighet,"
(Ef 6, 10 – 19)

" Og de, treenigheten, ordet) har seiret over ham, Satan, i kraft av lammets blod og de ord de vitnet (martyr)." (Åp 12, 11)

" Han, Jesus, avvæpnet maktene og myndighetene og stillte dem åpenlyst til skue, viste de fram, idet han viste seg som seiersherre over dem, Satan og demonene, på korset."
(Koll 2, 15)

" Derfor sier Herren, hærskarenes Gud: se så gjør jeg mine ord i din munn til en ild."
(Jer 5, 14)

" Men han (ordet) som kan gjøre mer enn alt, langt utover det vi ber eller forstår, etter den kraft som blir virksom i oss" (Ef 3, 20)

" Og se, jeg er med dere alle dager inntil verdens ende." (Matt 28, 20)

15

"Mirakel tro" krever handling

Tro ordet, handle på ordet, det er det vi må gjøre, da vil automatisk Herren handle igjennom deg og meg. Det er de helt enkle troens prinsipper som må gjøres, resultatene er ikke du eller jeg ansvarlig for, det er Herrens ansvar. Når det går opp forståelse for deg av herrens løfter, våger du og tro det. Du går forbi våger og sier jeg tror det. Vi alle har en vei å gå her, bare begynn, alle ting har en start.

Fjellgrunn

" Derfor, hver den som **hører** disse **mine ord** og **gjør (tror)** etter dem, han blir lik en forstandig mann, som bygger sitt hus på fjell.

Og skyllregnet falt og flommen kom, og vinden blåste og slo mot dette hus, men det falt ikke, for det var grunnlagt på fjell." (Matt 7, 24 – 25)

Den som hører må bli en gjører, en som tror det han leser og sier.

Sandgrunn

" Og hver den som hører mine ord og ikke gjør etter dem, han blir lik en uforstandig mann, som byger sitt hus på sand;

Og skyllregnet falt, og flommen kom, og vinden blåste og slo imot dette hus, og det falt, og dets fall var stort!" (Matt 7, 26 – 27)

Sandgrunn, det var den som kun hadde tillit til hva sansene fortalte. Her var det ingen tro på Herrens ord. Han handlet ikke på det han hørte, og fallet ble stort. Det er alltid et valg og valget er ditt. Det går til fall eller seier.

" Men vær ordets gjører og ikke bare ordets hører, idet du dårer deg selv.

For dersom en er ordets hører og ikke dets gjører, da ligner han en mann som ser på sitt naturlige åsyn i et speil,

Han så på seg selv og gikk bort, og glemte straks hvordan han så ut.

Men den som skuer inn i frihetens fullkomne lov og holder ved med detså han ikke blir en glemsom hører, men gjerningens gjører, han skal være salig i sin gjerning." (Jakob 1, 22 - 25)

Ordets gjører og proklamatør
Den som tror sansekunnskapen er det som bringer seieren, vil feile. Det er ordets gjørere, de som tror ordet, de som praktiserer ordet, som lever ut ordets løfter. De som vandrer sitt liv i det, er de som bygger ordets sannheter som bærere for sitt liv, det er de Gud vil ære.

Bevisprodusentene
Dette er bevis produsentene av Jesu oppstandelse ifra de døde. Det er disse som beviser at Kristus Jesus er Guds veldige sønn. Dette er de som står på barrikadene foran hedningen med fredens evangelium til helse, frelse og utfrielse. Evangeliets sannheter må sakte men sikkert bygges inn i deg med åpenbaringskunnskapens tro. Litt etter litt kommer den åndelige proklamatøren av tro frem. De åndelige sansene er

skarpe og reagerer åndelig med Guds skrevne ord som rettesnor i ett og alt. Her reageres det raskere enn det gjøres gjennom sansekunnskapen. Dette har blitt naturlig for deg, du reagerer automatisk på det åndelige igjennom ordet. Her beveges det åndelig og sanselig, mens derimot sansekunnskapen reagerer kun på det sanselige.

Vi er ikke i sansekunnskapens fengsel
Den som begrenser hele livet krets til hva de naturlige sansene viser oss. Vi er i **åpenbaringskunnskapens frihet.**

Vi har sansekunnskapen som alle andre, men vi er har en annen ubegrenset sans. Vi har den åndelige sansen fra Gud Jehova. Vi har Gud Jehovas sanser av åndelig karakter, som er uten grenser. Vi går ut i hele Kosmos. Ordet, Ånden og troen er våre veiledere i det evige livet, Guds natur.

Sansekunnskapen begrenser ditt område til hva du er i stand til å registrere med dine sanser geografisk.

Åpenbaringskunnskapen er uten grenser, den dekker det Gud dekker. Kosmos og videre utover i evighetens evigheter, det er den Hellige Ånds geografiske område.

En kan bedra seg selv
Du kan kjenne Bibelens ord, du kan kjenne gresk og Hebraisk. Du kan kjenne bibelens historiske fakta. Alt vil være deg til ingen nytte, hvis ikke Bibelens ord lever i deg og du utøver et, ja tror det.

Lev i seier uansett
Når Guds ord har blitt en like stor del av din personlighet, som omstendighetene dine er det, nærmer du deg der Gud vil du skal være. Nå må du trene deg opp til å reagere på Guds liv igjennom ordet i deg, på samme måte som du alltid har reagert på signaler igjennom dine naturlige sanser.

En disippel av Jesus
Å leve i seier vil alltid føre med seg konflikter
Det er å gå i lære, det er å være en disippel av Jesus. Selv om omstendighetene rundt deg går imot deg, så lever du i seier. Fordi du har trent

opp dine åndelige sanser, til å bli sterkere enn dine fysiske sanser. Dette gjør at du reagerer på omstendighetene automatisk, med hva Guds ord sier om eventuelle situasjon/hendelse. Guds ord i deg blir i dag alltid det som har det siste ordet og er det seirende, ikke hva dine fysiske sanser forteller deg. Dette er å leve i seier. Å leve i seier, vil alltid bringe konflikter på banen.

Vi lever i en åndelig krig
Vi lever i en åndelig krig, så den som lever i seier vil alltid ha motstand fra sansekunnskapens verden. Jeg har arbeidet som sykepleier inne imellom all min tjeneste for Herren i alle år. På arbeidsplassene på forskjellige sykehus, har jeg alltid fått reaksjoner på den jeg er, uten å si et eneste ord. Det du er, og det du har kan ikke skjules. Det vil bli reaksjoner som i noen tilfeller vil skape konflikter. Det vil alltid være slik, når ditt liv er etablert i seier. Det er en viten som er viktig å ta med seg i denne sammenhengen.

" Dra ikke i åk med vantro"
Jeg vil ta med noen vers for dere i denne sammenhengen.

" Dra ikke i fremmed åk med vantro! For hva samklang har rettferd med urett, eller hva samfunn har lys med mørke?
Og hva samklang er det mellom Kristus og Belial, eller hva lodd og del har en troende med en vantro?
Og hva enighet er det mellom Guds tempel og avguder? Vi er jo den levende Guds tempel, som Gud har sagt: Jeg vil bo iblant dem og ferdes iblant dem, og jeg vil være deres Gud, og de skal være mitt folk." (2 Kor 6, 14 – 16)

Beskytt din sårbarhet

Vi ser Paulus formaner Korinterne til å skille seg fra hedenskapet. Vi må være klar over at vi er naturlige mennesker, vi er meget sårbare. Nettopp derfor er det av høyeste viktighet at vi gjør som Paulus formaner, å skille oss fra hedenskapet.

Det du har betalt en høy pris for med ditt eget liv – la ingen ta det fra deg. Det du har betalt en høy pris for med liv, la ikke noen ta det ifra deg. Beskytt det med livet ditt. Nærmere du kommer fellesskapet med Gud, mer vil du oppleve viktigheten av å ha kontakten med ham og mindre kontakt med det sansekunnskapen har å presentere for deg.

Skatten vi har er i leirkar
" For Gud, som bød at lys skulle skinne frem av mørke, han er den som også har latt det skinne i våre hjerter, for at kunnskapen om Guds herlighet i Jesu Kristi åsyn skulle stråle frem fra oss

Men vi har denne skatten i leirkar, for at den rike kraft skal være av Gud og ikke av oss,"
(2 Kor 4, 6 - 7)

Styrken vi har i Kristus må beskyttes med omhu, så ikke den blir skadet. Vi har skatten i våre skrøpelige lerkar, som er vår personlighet og legeme, som er så lett påvirkelige. Husk du er et redskap i Guds hånd, ta godt vare på og vær forsiktig med redskapet, så det kan være til Guds ære det som det er ment og være.

" Intet våpen som blir smidd imot deg, skal ha fremgang, og hver tunge som går i rette med deg, skal du få domfelt, dette er Herrens tjeneres arv og den rett de får av meg, sier Herren."

(Jes 54, 17)

Du kan stole på Herren
Vi tigger ikke i sansekunnskapens verden, vi er ikke avhengige av sansekunnskapens verden. Vi tror ordet, vi gjør ordet i praksis. Vi lever ut ordet, vi stoler på ordet. Hør på hva følgende vers sier.

Gud er kjærlighet
" Jesus sa: Liksom Faderen har elsket meg, så har jeg elsket dere, bli i min kjærlighet."
(Joh 15, 9)

" Gud er kjærlighet." (Joh 4, 8)

" har gitt oss de største og dyreste løfter, for at dere ved dem skulle få del i Guddommelig natur." (2 Peter 1, 4)

Jobb ditt åndelige liv fram
Den Guddommelige naturen, kjærlighets naturen, den er din i Kristus Jesus. I en rolig tillit til Gud, lever du ut denne kjærligheten, du praktiserer den. Du ikke bare snakker om den. T.L.Osborn sa det så flott. Han sa: spill

kjærligheten til den vinner hele din personlighet. Dette gjelder alle åndelige deler i oss, tren på de. Tren på de igjen og igjen, helt til de sitter, til de har blitt en del av deg, til de har blitt deg, til du har blitt det Gud vil du skal være for Ham. La ingenting utenfor deg forstyrre deg i din åndelige utvikling." Dra ikke i åk med vantro."

" Et nytt bud gir jeg dere, at dere skal elske hverandre, liksom jeg har elsket dere, skal dere også elske hverandre." (Joh 13, 34)

Ordet" Liksom" i dette Bibelvers menes" praktisere" det.

Ofte missforstått

Det å vandre I Guds kjærlighet, er en ofte missforstått uttalelse. Det blir ofte behandlet på en meget uviselig måte. Eros er den fysiske utøvelse, Agape er den guddommelige utøvelsen av det som vi har ordet kjærlighet for. Når du lever kjærlighetslivet er det Jesus som har fått plass i ditt liv. Det er på grunn av Ham i deg, at du har den kjærligheten i deg. Da vil du begynne handle og elske som Jesus gjorde.

" Jesus sa: Jeg er verdens lys, den som følger meg, skal ikke vandre i mørket, men ha livsens lys." (Joh 8, 12)

Du skal bevise for verden at du har lyset
Den som vandrer i menneskelig fornuft, vandrer i mørket. De vet ikke hvor de går. De har bedratt seg selv. Den sunne lære er bare læresetninger for dem. Det er for dem kun en trosbekjennelse av tomme teologiske ord. De er enig i at Bibelen er sann, men de er ikke enig hvis du spør om de vil leve det praktisk ut.

De som elsker Jesus og har hans kjærlighet i seg, vil ikke bedra noen
De som er ordets hørere, men ikke ordets gjørere, er gode pratmakere, ja talere. De er ikke ordets gjørere og kan derfor bedra mange.

" Jesus sa: Jeg er vintreet, dere er grenene, den som blir i meg og jeg i ham, han bærer mye frukt, for uten meg kan dere ingenting gjøre.

Om noen ikke blir i meg, da kastes han ut som en gren som visner, og de sankes sammen og kastes på ilden, og de brenner.

" Dersom dere blir i meg, og mine ord blir i dere, da be om hva dere vil, og dere skal få det."
(Joh 15, 5 – 7)

Hva slags frukt er det her snakk om?
Her er det snakk om kjærlighets frukten, troes frukten, bønne frukten. Dette er den samme slags frukt som Jesus hadde. Nå virker denne samme kjærlighets frukten igjennom Kristus i deg, som den virket igjennom Kristus da han vandret fysisk her på planeten jorden.

Hør på dette verset" Derved er min Fader herliggjort at dere bærer meget frukt," (Joh 15, 8)

De som bare hører, kan sitere mange riktige løfter, men har ikke livet i ordet, i løftene. Kun de som tror, som" gjør" ordet, frigjør en modne frukten i seg.

Jeg tar et vers om igjen." Dersom dere blir i meg, og mine ord blir i dere, da be om hva dere vil, og dere skal få det." (Joh 15, 5 – 7)

Kristus som absolutt Herre

Kristus er ordet. Lar vi ordet bli Herre i våre liv, det vil si at vi blir i Ham, og hans ord blir i oss, og vi tillater ordet å gjøre sitt arbeid med våre liv, da kan vi be om hva vi vil og vi vil få det. Da er det ikke lenger en doktrine, men Gud taler og lever i sitt ord i oss og igjennom oss, til den verden som er rundt oss.

" Og vil du vite det du dårlige menneske, at troen uten gjerninger (handlinger) er unyttig."
(Jakob 2, 20)

Handler du ikke på ordet, er du heller ingen troende av det. Da er du kun et menneske med en Bibel. Du vurderer Bibelens ord ut fra menneskelig fornuft uten handlinger. Da er det kun tomme ord og en religion.

Jesus kalte det" å bygge hus på sand."
(Joh 7, 26)

" Men den som har verdens gods og ser sin bror ha trang og lukker sitt hjerte for ham, hvorledes kan kjærligheten til Gud bli i ham?

Mine barn, la oss ikke elske med ord eller med tunge, men i gjerninger (handlinger) og sannhet." (1 Joh 3, 17 – 18)

Hvordan fungerer Guds kjærlighet?
Fungerer den på grunn av studier i ordet? Fungerer den på grunn av all vår kunnskap om den i ordet? Fungerer den uten at vi lever ordet i oss? Nei det gjør det ikke. La oss gjøre, tro, handle på kjærligheten ut ifra at vi har blitt kjærligheten. Vi har blitt kjærlighets produkter i Kristus.
Slipp Kristi kjærlighet fri i deg.

Kjærligheten bærer lyset, du blir ledet av kjærligheten

" Og dette er det budskapet som vi har hørt av ham og forkynner dere, at Gud er lys, og det er ikke noe mørke i ham.

Dersom vi sier vi har samfunn med ham, og vandrer I market, da lyver vi og gjør ikke sannheten." (1 Joh 1, 5 – 6)

" Og på dette skal vi kjenne at vi er av sannheten, og så skal vi stille våre hjerter tilfreds for hans åsyn;

For enn om vårt hjerte fordømmer oss, så er Gud større enn vårt hjerte og kjenner alle ting.

Dere elskede! Dersom vårt hjerte ikke fordømmer oss, da har vi frimodighet for Gud,

Og det vi ber om, det får vi av ham; for vi holder hans bud og gjør det som er ham til behag."
(1 Joh 3, 19 - 23)

Vi må alltid ransake våre hjerter og være ærlig mot Gud. Fortell ham at du går kjærlighetens vei. Han vet om du gjør det, men si det alikevel. Han vil høre bevisstheten fra din munn. Gjør Guds ord levende over dine lepper. La Gud bruke dine lepper. La oss bli" Gud behagere", Jesus var det.

" Men talsmannen den Hellige Ånd, som Faderen skal sende i mitt navn, han skal lære dere alle ting, og minne dere om alle ting som jeg har sagt dere." (Joh 14, 26)

" Vi er Guds medarbeidere." (1 Kor 3, 9)

" Hvis Gud er for oss, hvem er da imot oss." (Rom 8, 1)

Du arbeider og handler ikke på ordet alene, vi samarbeider med Gud hele veien. Han følger deg opp hvert skritt du tar.

Kjærligheten gir oss den evige styrke og seier.

"at han, gud, etter sin herlighets rikdom må gi dere å styrkes med kraft ved hans Ånd i deres innvortes menneske,

At Kristus må bo ved troen i deres hjerter,

Så dere rotfestet og grunnfestet i kjærlighet, må være i stand til å fatte med alle de hellige hva bredde og lengde og dybde og høyde der er,

Og kjenne Kristi kjærlighet, som overgår all kunnskap, for at dere kan fylles til all Guds fylde." (Ef 3, 16 - 19)

Ser du evighetens evighets fylde av alt gud har for deg igjennom kjærligheten.
Gud gjør ingenting for deg, uten at han gjør det gjennom deg til den verden som er rundt deg.

1 6

Gi liv og tal åpenbaring

"Jesus sa: Jeg er veien sannheten og livet."
(Joh 14, 6)

Jesus Kristus innehar all åpenbaringens muligheter til deg, Jesu er Guds fullkomne vilje.

" Jesus sa: Djevelen kommer bare for å stjele, myrde og ødelegge, jeger kommet for at dere skal ha liv og liv i **overflod**." (Joh 10, 10)

"Vi vet at vi er gått over fra døden til **livet**, fordi vi elsker brødrene, den som ikke elsker, blir i døden.

På dette kjenner vi kjærligheten at han satte sitt liv til for oss, også vi er skyldige i å sette **livet** til for brødrene." (1 Joh 3, 14 - 16)

Vi må bli Jesus personer, mennesker som gir liv som gir Jesus.
Mennesker som taler åpenbaring av Guds fullkomne vilje.
I det øyeblikket du taler åpenbaring, vil mennesker ta imot og tro det du sier.

" Men Peter sa: Sølv og gull har jeg ikke, men **det jeg har, gir jeg deg**, i Jesu Kristi navn stå opp og gå." (Apg 3, 6)

Peter sa: det jeg har, det han var bevisst han hadde fått fra Kristus. Han hadde ikke noe Ny Testamente, **men han var en demonstrasjon av det**, **som du også skal være det.**

" Jesus sa: Dere skal få kraft i det den Hellige Ånd kommer over dere, og dere skal være mine vitner (martyrer, bevisprodusenter), i hele Judea og Samaria, og like til de ytterste og bortgjemte steder, jordens ende." (Apg 1, 8)

La" livet" leve i deg
Peter lot Jesu" livet" regjere i seg, Peter ble da åpenbaringen av Kristus og Guds vilje til sin

verden. Han var en Jesus person, et vitne en martyr (bevis produsent) som du også kan være.

Du er først og fremst et vitne

" Derfor bør en av de menn som vandret sammen med oss i all den tid den Herre Jesus gikk inn og ut hos oss,

Like fra sin dåp ved Johannes inntil den dag da han ble opptatt fra oss – en av disse bør sammen med oss bli **vitne om hans oppstandelse.**"
(Apg 1, 21 – 22)

Visse kvalifikasjoner måtte et vitne ha. Her valgte disiplene ut en som hadde vandret sammen med dem den tid Jesus var på jorden. De valgte en som hadde sett evangeliet i kjøtt og blod i sin helhet på jorden. Vi har ikke evangeliet i kjøtt og blod, men vi har det skrevne evangeliet, Bibelen Guds ord. Lever vi overensstemmelse med den, så er og vi et vitne. Jesus var deres Nye Testamentet, vi har det skrevne Nye Testamentet. **Vi har ikke vandret med Jesus fysisk, men vi har hans vilje og beskrivelsene av hans liv.** Men vi i dag som de da, gir evangeliet videre som et "vitne".

Hans vilje
" Jesus sa: For jeg er kommet ned fra himmelen, ikke for å gjøre min vilje, men for å **gjøre hans vilje som har sent meg**." (Joh 6, 38)

Hans liv
" For **Guds ord er levende** og kraftig og skarpere enn noe tvegged sverd og trenger igjennom, inntil det kløver sjel og ånd, ledemot og marg, og dømmer hjertets tanker og råd."
(Heb 4, 12)

" I begynnelsen var Ordet, og Ordet var hos Gud, og Ordet var Gud." (Joh 1, 1)

" Ordet ble kjød og tok bolig iblant oss, og vi så hans herlighet – en herlighet som den enbårne sønn har fra sin far – full av nåde og sannhet."
(Joh 1, 14)

" Min sønn akt på mine ord, bøy dit øre til min tale (åpenbaringen av mitt ord)

La dem ikke vike fra dine øyne, bevar dem dypt i ditt hjerte.

For de er liv for hver den som finner dem, og legedom for hele ans legeme.

Bevar ditt hjerte (ånd) fremfor alt det som bevares, for livet utgår fra det." (Ordspr 4, 20 – 23)

"Og de, deg og meg, seiret over ham, djevelen, i kraft av lammets, Jesu blod og de ord det vitnet (Martyrium, bevisprodusenter, åpenbarte Guds vilje, fra Gresk)" (Åp 12, 11)

" Men til sist åpenbarte han seg for de elleve selv, mens de satt til bords, og han refset dem for deres vantro og harde hjerter, fordi de ikke hadde trodd dem som hadde sett ham oppstanden.

Og han sa til dem: Gå ut i all verden (Kosmos Gresk/Hebraisk) og forkynn evangeliet for all skapningen!

Den som tror og blir døpt, skal bli frelst; men den som ikke tro, skal bli fordømt.

Og disse tegn skal følge dem som tror: I mitt navn skal de drive ut onde ånder, de skal tale med tunger,

De skal ta slanger i endene, og om de drikker noe giftig, skal det ikke skade dem; på syke skal de legge sine hender, og de skal bli helbredet. Så ble en Herre Jesus, etter at han hadde talt til dem, opptatt til himmelen, og satte seg ved Guds høyre hånd.

Men de gikk ut og forkynte ordet alle steder, og Herren virket med og stadfestet ordet ved de tegn som fulgte med." (Mark 16, 14 - 20)

" Dersom dere blir i mitt ord, da er dere i sannhet mine disipler, (Joh 8, 31)

Jesus er aldri mer Herre i våre liv enn det skrevne Guds ord er Herre i våre liv. Jesus er ordet (Joh 1,1)

" Dersom dere blir i meg og mine ord blir i dere, da be om hva dere vil og dere skal få det."
(Joh 15, 7)

" Og se jeg er med dere alle dager, inntil tidsalderens ende." (Matt 28, 20)

Alt er lagt tilrette for deg.

17

Bryt løs – Herren følger deg opp

" Og disse tegn skal følge den som tror: I mitt navn skal de drive ut onde ånder, de skal tale med tunger,

De skal ta slanger i hendene, og om de drikker noe giftig, skal det ikke skade dem;

På syke skal de legge sine hender, og de skal bli helbredet." (Mark 16, 17 – 18)

Det er visse kriterier som må på plass i et menneskes liv før "før disse tegn skal følge den som tror" kan komme i funksjon. La oss ta en titt på hvem de troende er.
Hvem er de troende?

" Alt det som er født av Gud seirer over verden, og dette er den seier som har seiret over verden, **vår tro.**" (1 Joh 5, 4)

Her ser vi raskt at det er er snakk om en "ny fødsel" for å få denne type "tro" som blir kalt "vår tro". Da blir spørsmålet, hvem er født av Gud?

Hvem er født av Gud?

" Alle dem som tok imot ham, Jesus, ga han rett til å bli Guds barn, de som tror på hans navn.

Og de er født, ikke av blod, heller ikke av kjøds vilje, heller ikke av manns vilje, men av Gud." (Joh 1, 12 - 13)

Ifølge det som du nå leste, så er alle de som tok imot Jesus født på ny. Jeg har da et spørsmål her. På hvilken måte skal vi ta imot Jesus? Dette har bibelen en helt klar formening om, vi tar den.

På hvilken måte skal vi ta imot Jesus?
Det er et Bibelsted som forklarer dette enkelt. Det er Romerbrevet, vi leser derifra.

" Hvis du med din munn bekjenner Jesus som Herre, og i ditt hjerte tro at Gud oppvakte ham ifra de døde, da skal du bli frelst." (Rom 10, 9)

Nr 1 er at du lar Jesus bli Herre i ditt liv. Jesus blir aldri mer Herre i livet ditt, enn det skrevne Guds ord blir Herre i ditt liv. Er du villig til å la det skrevne Guds ord være Herre i ditt liv og styre hele ditt liv, så har du oppfylt første kriteriet.

Nr 2 Du må tro at Gud oppvakte Kristus ifra de døde. Troen på dette er lagt ned i din sjel fra skapelsen av, for at du nettopp skulle kunne ta det valget du møter akkurat nå. Bruker du vilje livet ditt og sier og mener av hele ditt hjerte at du tror Gud oppvakte Kristus ifra de døde. Så gjør du det.

Nå har du oppfylt begge kriteriene for å bli frelst, som betyr reddet fra arvesynden ved at du blir født på ny. Du blir født på ny i ditt innvortes menneske, i din ånd. Hør hva Bibelen sier så flott.

" Derfor dersom noen er i Kristus, har blitt frelst, da er han en ny skapning. Det gamle er borte, se alt ar blitt nytt." (2 Kor 5, 17)

Nå har du den troen i ditt indre, i din ånd, som kan frembring de tegnene som jeg nevnte innledningsvis i kapitlet.

" Uten at noen blir født på ny, kan han ikke se Guds rike." (Joh 3, 3)

" Det som er født av Ånden, er ånd." (Joh 3, 6)

" Gud er ånd." (Joh 4, 24)

Du har blitt en himmelrikes borger, som den nye skapningen du har blitt. Fantastisk, du har blitt født på ny.

Hva er du som er født av Gud?

" Dere er blitt rettferdiggjort i den Herre Jesu navn og i vår Guds Ånd." (1 Kor 6, 11)

" Den rettferdige er djerv som ungløven."
(Ordspr 28, 1)

Du som den gjenfødte er den djerve, det er i deg. Våg å stå opp tro du er det og lev det ut. Du ser det ikke, du føler det ikke, men djervheten er der i din ånd – slipp den løs i Jesu navn.

" Paulus sa: Be også for meg, at det må gis meg ord når jeg åpner min munn, så jeg med **frimodighet** kan kunngjøre evangeliets hemmelighet." (Ef 6, 19)

Dette er fantastisk å stå foran mennesker med evangeliet. Stå der og vite med sikkerhet at herren åpner evangeliets hemmelighet for de som hører. Det er kraftfullt. Paulus hadde denne frimodigheten og vi har den. Slipp den løs i deg. Hør på dette.

Peter og Johannes ble satt i fengsel og ble stilt for rådsherrene. De kunne ikke annet enn fortelle sannhetene om deres opplevelser med den oppstandne Kristus Jesus.
" da være det vitterlig for dere alle og for hele Israels folk at ved Jesu Kristi, nasareerens navn han som dere korsfestet, han som Gud oppvakte fra de døde, ved ham står denne helbredet for deres øyne.

Han er den stein som ble forkastet av dere, dere bygningsmenn, men som er blitt hjørnestein.

Og det er ikke frelse i noen annen; for det er heller ikke noe annet navn under himmelen, gitt blant mennesker, ved hvilket vi skal bli frelst.

Men da de så Peters og Johannes frimodighet og fik vite at de var ulærde og lege menn, underet de seg og de kjente dem igjen, at de hadde vært med Jesus;

Og da de så mannen stå ved deres side, han som var blitt helbredet, kunne de ikke si imot."
(Apg 4, 10 – 14)

" Da de nå var løslatt, kom de til sine egne og fortalte dem alt de yppersteprestene og de eldste hadde sagt til dem.

Da de hørte det, løftet de samdrektig sin røst til Gud og sa: Herre! Du som gjorde himmelen og jorden og havet og alt det som i den er,"
(Apg 4, 23 - 24)

Religiøse mennesker liker ikke djervhet, de er livredde den, den utfordrer deg. Den vil ha deg til å gjøre det du sier du er. Lever vi overgitt til Kristus, vil visdommen og kjærligheten vokse og være dominerende i våre liv.

" Menigheten som er Kristi legeme, er fylt av ham som fyller alt i alle." (Ef 1, 23)

Det er hva vi er en del av.

" Jeg formår alt i ham som gjør meg sterk."
(Filip 4, 13)

Ser du hvem du er i Kristus. Ikke bli redd, det er deg i Ham. Våg å være den du er i Ham.

Djervhet produserer primært tre ting – Tegn, under og mirakler
Se her hva som skjedde når Paulus frimodig forkynte.

" Han gikk da inn i synagogen og talte frimodig i 3 måneder, idet han holdt samtaler med dem og **overbeviste dem** om det som hører Guds rike til.

Og usedvanlige kraftgjerninger gjorde Gud ved Paulus hender,

Så at de endog tok svetteduker eller forklær som han hadde hatt på seg og bar til de syke, og sykdommene vek fra dem, og de onde ånder for ut av dem." (Apg 19, 8 og 11 - 12)

Ordet djervhet – frimodighet ble brukt om og om igjen.

" Djervheten som en ung løve har"
(Ordspr 28, 1)

Hør" Etter min inderlige lengsel og mitt håp om at jeg ikke skal bli til skamme i noen ting, men at Kristus, som alltid, så og nå, **med all frimodighet** skal bli forherliget ved mitt legeme, enten det blir ved liv eller død."(Filip 1, 20)

" Kristus Jesus vår Herre, i hvem vi har vår **frimodighet** og adgang med tillit ved troen på ham." (Ef 3, 12)

Vi fikk ikke bare Guds tro i den nye fødsel (1 Joh 5, 4), vi fikk også Guds djervhet.

Vi må bare bruke den, bruke den i overensstemmelse med Guds ord, Bibelen. Da vil du oppleve virkelig glede i livet.

" Han, Jesus, som ikke visste av synd, har han gjort til synd for oss, for at vi i Ham skal bli rettferdiggjort for Gud." (2 Kor 5, 21)

Hør på dette verset også.

" Kristus Jesus vår Herre, i hvem vi har **vår frimodighet** og adgang med tilliten ved troen på Ham.

Vi har" djervhet" – fordi vi er" rettferdiggjort"
Gud hører oss like raskt som han hører Kristus.

Kristus rettferdiggjorde, deg, han tok din synd på seg, han renset deg ren fra arvesynden og ga deg et helt nytt liv. Du har kommet i posisjonen, hvor Satan og demonene er underlagt deg. Du har blitt gitt autoritet over ham i Kristus Jesus. Kritikk og forfølgelse vil følge deg – Men tegn, under og mirakler, Gud til ære og oss til gavn, vil også følge deg.

Du ber ikke om rettferdiggjørelse – du er rettferdiggjort i Kristus. Du ber ikke om tro – Du har tro i Kristus. Du ber ikke om djervhet og frimodighet – Du har det i Kristus

Men vi kan be om mer frimodighet, djervhet

" Og nå Herre hold øye med deres trusler, og gi dine tjenere å tale ditt ord med all frimodighet, djervhet." (Apg 4, 29)

" Paulus sa: men enda vi forut hadde lidd og var blitt mishandlet i Filippi, som dere vet, fikk vi allikevel frimodighet, djervhet i vår Gud til å tale Guds evangelium til dere under mye strid."
(1 Tess 2,2)

Gå ikke på hva du ser - men på hva Guds ord sier (Heb 11, 1)
Si det i mørket - seier - Du kommer ut i lyset. Si det i lyset - seier- Du forblir i lyset.

" Kast derfor ikke bort deres frimodighet, djervhet som har stor lønn." (Heb 10, 35)

Du kan gjøre det du har tro for, det du har frimodighet og djervhet til å gjøre. Velg å bryte løs – Herren Gud Jehova og hans sønn Jesus Kristus ved den Hellige Ånd følger deg opp.

18

Klar til å ta verden

" Dere skal kjenne sannheten, og sannheten skal sette dere fri." (Joh 8, 32)

" Til frihet har Kristus frigjort oss, stå derfor fast, la dere ikke atter legge under trelldoms åk." (Gal 5, 1)

Vandre i den frihet du har mottatt i Kristus og gå etter mer. Vandre i den åpenbaring du har mottatt og gå etter mer.

Om vi bare kunne se hele dybden

" Han avvæpnet maktene og myndighetene og stilte dem åpenlyst til skue, idet han viste seg som seierherre over dem (Satan og demonene) på korset." (Koll 2, 15)

" Og Jesus trådte frem, talte til dem og sa: Meg er gitt all makt i himmel og på jord;

Gå derfor ut og gjør alle folkeslag til disipler, idet dere døper dem til Faderens og Sønnens og den Hellige Ånds navn,

Og lærer dem å holde alt jeg har befalt dere. Og se, jeg er med dere alle dager inntil verdens ende." (Matt 28, 18 – 19)

Virkelig at alt er oss underlagt i Jesus Kristus.

" Men da Jesu gikk inn i Kapernaum, kom en høvedsmann til Ham og sa:

Herre! Min dreng ligger verkbrudden hjemme og pines forferdelig.

Jesus sa til ham: Jeg vil komme og helbrede ham.

Men høvedsmannen svarte og sa: Herre! **Jeg er for ringe** til at du skal gå inn under mitt tak; men **si bare et ord, så blir min dreng helbredet!**" (Matt 8, 5 - 10)

Høvedsmannen så mer enn fleste kristne ser i dag.
Han forsto at det Jesus hadde – kunne Jesus gi –
Det Jesus kunne gi ville høvedsmannen ha.

Det du ser – det har du
Det du har – er du fri i
Det du er fri i – kan du gi
Det du kan gi – kan tas imot av alle som vil ha det

Din frihet tar verden

Det du ser – har du

" Dere er av Gud mine barn, og har seiret over dem, for han som er i dere, er **større** enn han som er i verden." (Joh 4, 4)

Fri til å sette menneskeheten fri – Fri til å gi dem Jesu Kristi liv

Dine tanker og dine ord, har kraften til i seg til å omskape de situasjonene som er rundt deg. Det er frøene fra Gud du sår og de bærer frukt, hvert etter sitt slag. Vær klar over hvor mye det har kostet Kristus for å gjøre dette tilgjengelig for deg. Gi gjensvar med sann innlevelse og ja, til enhver sannhet av Guds løfter, etter hvert som du forstår dem.

Mer du forstår, mer du har fått åpenbart av Guds Ord, mer vil fengselsmurer falle i ditt sinn og Kristi fylde i ditt liv vil bli åpenbar for menneskene rundt deg. Vi må fornye våre tanker og bryte lenker som teologi har skapt. Vi kan bevege oss fremover i den nye mirakelenergien som flyter i oss, når vi lærer mer om Guds vilje for oss.

19

Fri – til å sette verden fri

Den fulle løsning for oss alle til å stå i en tjeneste som virker er å bli totalt fri. Hør her:

" Til frihet har Kristus frigjort oss, **stå derfor fast i din frihet**, og **la dere ikke igjen legge under trelldoms åk.**" (Gal 5, 1)

Du er den som har valget, vil du bli stående i frihet med muligheten til å gi det videre.

Vi leser videre" Får da sønnen, Jesus Kristus, frigjort dere, da blir dere virkelig fri." (Joh 8, 38)

Vær villig
Vær villig til gi ditt alt til Kristus Jesus, omvend deg vekk fra alt negativt i ditt liv. Bruk din vilje, å gjør en virkelig omvendelse. La Kristus Jesus bli din Herre fullt ut.
La Bibelen alene være din Herre, din veileder,

din instruktør. Kristus har vunnet seieren for deg, den Hellige Ånd vil veilede deg i ditt livs tjeneste for den Herre Jesus Kristus.

" Jesus sa: men talsmannen, den Hellige Ånd, som Faderen skal sende i mitt navn, **han skal lære dere alle ting, og minne dere om alle ting, som jeg har sagt dere.**" (Joh 14, 26)

Adam og Eva var skapt i frihet til å leve i Guds frihets drøm.
De levde drømmen ut i praksis til det tragedien skjedde. De var ulydige imot Gud. Guds drøm om mer enn nok av alt, ble til et mareritt av mangel på alt som godt er. (1 Mos 3, 6). Lydigheten mot Gud brakte inn velsignelsene, men ulydigheten imot Gud brakte inn forbannelsene.

Den seirende verdens revolusjon var et faktum

" Kristus kjøpte oss fri fra lovens forbannelse, idet han ble en forbannelse for oss, - for det er skrevet: Forbannet er hver den som henger på et tre." (Gal 3, 13)

Kristus vant seieren over Satan og demonene. Forbannelsens makt var brutt, velsignelsen og friheten var atter tilbake.

" Hvor Herrens Ånd er – der er frihet."
(2 Kor 3, 13)

Så vandre i frihetens ånd - Hvordan?

Det gjør vi ved å underlegge oss det skrevne Guds Ord, som er det samme som å ha Jesus som Herre.
Hør

" I begynnelsen var Ordet, Ordet var hos Gud, Ordet var Gud." (Joh 1, 1)

Vi leser videre," Men den som skuer inn i **frihetens** fullkomne lov." (Jakob 1, 25)

Hva er det?

Hør her," Men vi som med et utildekket åsyn, skuer Herrens herlighet som i et speil, vi blir alle forvandlet til det samme bilde, fra herlighet til herlighet, som av Herrens Ånd." (2 Kor 3, 18)

Ser du, forandringen begynneren når Ordet blir det som får din fulle tillit i livet ditt. Du ser dette ikke er en vanskelig sammensetting, men du må gjøre din del for at det skal fungere. Det betyr at Kristus skal få muligheten til å vokse i ditt liv igjennom levende gjøringen av det skrevne Guds Ord i deg.

Få med deg dette

" Han, Jesus skal vokse i meg, jeg skal avta, avlegge kjødets gjerninger." (Joh 3, 30)

Dette er en hel omvendelses prosess og en videre prosess i å bli ikledd Åndens frukter. Ta og les dette i Paulus brev til Galaterne 5, 15 – 22. Jeg tar med vers 16

For deg. " Paulus sa: Men jeg sier dere, vandre i Ånden, så skal dere ikke fullbyrde kjødets begjæringer (det er det som kontrollerer deg igjennom dine sanser)." (Gal 5, 16)

Dette er en nødvendighet å gjøre. Hvis ikke får ikke Den Hellige Ånd i vår ånd muligheten til å bli det den har planen om å være fullt ut i deg, nemlig Jesus Kristus igjennom deg. Igjennom deg til verden rundt deg.

Kristus vil ha deg fri – til å sette din verden fri

Jeg tar med noen flere Bibelvers til deg. Tenk deg disiplene, de fikk to vitnesbyrd om Jesu oppstandelse, men de trodde det ikke, men allikevel...
Åpenbarte han seg for dem.

Disiplene gikk fra frykt til tro

" Men til sist åpenbarte han seg for de elleve selv, mens de satt til bords, og han refset dem for deres vantro og hånde hjerte, fordi de ikke hadde trodd dem som hadde sett ham oppstanden." (Mark 16, 14)

De hadde blitt fortalt av to stykker allerede at han var oppstanden, men de trodde de ikke. Så nå til slutt kom Jesus inn der de var – oppstanden fra de døde.

" Og Jesus trådte frem, talte til dem og sa: Meg er gitt all makt i himmel og på jord."
(Matt 28, 18)

" Og Jesus sa til dem: Gå ut i all verden(kosmos) og forkynn evangeliet for all skapningen!

Og disse tegn skal følge den som tror: I mitt navn, i Jesu navn, skal de drive ut onde ånder, de skal tale med tunger,
de skal ta slanger i hendene, og om de drikker noe giftig, skal det ikke skade dem; på syke skal de legge sine hender og de skal bli helbredet."
(Mark 16, 15-17)

" gå derfor ut og gjør alle folkeslag til disipler, idet dere døper dem til Faderens og sønnens og den Hellige Ånds navn." (Matt 28, 19)

Dette er størrelsen på din frihet

" Dere skal **kjenne sannheten**, og **sannheten skal sette dere fri**." (Joh 8, 32)

Her var det ikke kunnskapen som var det viktigste, men kjennskapen. Det var det personlige forholdet til Ordet, som er Gud, som er Kristus, som er den Hellige Ånd.
Når kjennskapen og erfaringene helt personlig gang etter gang blir din virkelighet, da bygges et

solid nært kjennskaps forhold til guddommen, som igjen gir deg en solid frihetens styrke du kan gi videre. **Det du vet og har – kan du gi videre.**

Stefanus
Slå opp Bibelen din og les Apg 6, 1 og 15, 1, Les alle versene, jeg tar bare med to av de her.

v 10)" De var ikke i stand til å stå seg imot den visdom og Ånd Stefanus talte av.

V 15)" Og da alle de som satt i rådet, stirret på hans ansikt, så de hans ansikt som en engels ansikt."

Stefanus var en av de tidligste gjenfødte, han hadde ikke tilgang til Guds Ord som oss. Men ordene fra Jesus hadde han hørt. Toraen og en del av de profetiske skrifter hadde han.
Men det viktigste Stefanus hadde, var de ordene han hadde hørt fra Jesus og sannheten i Jesu forsoningsverk på Golgata, så langt han kunne forstå det. og Han hadde også latt Jesus bli Herre i sitt liv. Dette nye livets virkelighet trodde han

og førte videre. Et av resultatene av den friheten han grep tak i ser vi her.

Peter

Videre ser vi Peter ved den fagre tempel dør. "Peter sier. Sølv eller gull har jeg ikke, men **det jeg har, det gir jeg deg**: I Jesu Kristi nasareerens navn – stå opp og gå." (Apg 3, 6)

Det Peter hadde fått overbevisning om i sin ånd og sjel, kom til uttrykk og ble til en fysisk virkelighet.

Filip

Videre ser vi Filip komme ned til en by i Samaria.

" Filip kom da ned til en by i Samaria og forkynte Kristus for dem.

Og folket ga samdrektig akt på det som ble sagt av Filip, idet de hørte og så de tegn som han gjorde." (Apg 8, 5 – 6)

Her ser vi Filip proklamerte og ga frihet fra Herren, som du kan gjøre.

Kraften til å gjøre har vi fått som har den samme virkekraft i dag, som den hadde på pinsefestens dag.

" Jesus sa: Dere skal få kraft i det den Hellige Ånd kommer over dere, og dere skal være mine vitner (martyrer, bevisprodusenter) både i Jerusalem og i hele Judea og Samaria og like til jordens ende." (Apg 1, 8)

Den friheten du har – er den friheten du kan gi verden
Den frihet du har, den frihetens kjærlighets kraft som gud har gitt deg, kan du gi videre til den verden som er rundt deg. **Fri til å sette verden fri.**

20

Få verden til å tro budskapet og den vil ha det

Du skal få menneskeheten til å tro budskapet.

" Dere skal kjenne sannheten, og sannheten skal sette dere fri." (Joh 8, 32)

Hvordan er din stilling ansikt til ansikt med en verden som ikke kjenner budskapet om Jesus Kristus. Er du i stand til å forholde deg til mennesker som lever i hedenskap, okkultisme og religioner av forskjellige slag? Kan du formidle Bibelens budskap til de på en måte som gjør at de tar imot budskapet? Er du i stand til å elske disse mennesketyper?

Din stilling ovenfor hedning skarene skal være som en kjærlighetens overvinner.

" Som Paulus sa, skal du kunne si: Jeg vet på hvem jeg tror." (2 Tim 1, 12)

Når du har kommet til dette punktet i ditt kristne liv, som her Paulus har kommet til, når han kan si" Jeg vet på hvem jeg tror". Da har du gått igjennom mange faser med oppturer og nedturer, prøvelser og lidelser. Du har kommet igjennom disse lærings prosesser og formings prosesser med et stødig feste på Guds Ord, som har gjort deg sterkere og sterkere i troen på Guds Ords løfter i prosessen. Kjødets gjerninger har fått distansert seg mer og mer fra din sjel, da du lever i omvendelse fra kjødets gjerninger. Åndes frukter har fått komme frem og fått kontroll over ditt sjelsliv mer og mer. Kristus har fått muligheten til å åpenbare seg mer og mer til deg og igjennom deg, til menneskeheten rundt deg. Du har blitt en Kristus person, Kristi kjærlighet i deg blir opplevd av alle rundt deg.

Du har blitt en som kan gi verden liv
Kristi kraft og kjærlighet igjennom deg.

" Jesus sa: Jeg er veien sannheten og livet." (Joh 14, 6)

" Djevelen kommer bare for å stjele, myrde og ødelegge. Men jeg har kommet for at dere skal få liv og ha overflod." (Joh 10, 10)
Du er den som kan snu strømmen.

Hva ser du, når du ser de som aldri har hørt evangeliet om Jesus Kristus Guds levende sønn? Du ser de som søker en ukjent Gud, den som vi forkynner, uten at de vet at vi forkynner den Gud.

" Paulus sier: For da jeg gikk omkring og så på deres helligdommer, fant jeg også et alter, som det var satt den innskrift på: For en ukjent Gud. Det som dere altså dyrker uten å kjenne det, dette forkynner jeg dere." (Apg 17, 23)

Hele verden har tro på den oppstandne Kristus - det er grensen for den tro de har - de vet det bare ikke.
Hør på disse to Bibel vers.

" Alt har han gjort skjønt i sin tid, også evighten (Kosmos) har han lagt ned i deres hjerte, men således at mennesket ikke til fulle kan forstå det verk Gud har gjort fra begynnelsen til enden." (Fork 3, 11)

" Av nåde er dere frelst, ved tro, og det er ikke av dere selv, det er Guds gave." (Ef 2, 8)

" For når hedningene, som ikke har loven, av naturen gjør det loven byder, da er disse, som dog ikke har loven, seg selv en lov;

De viser at lovens gjerning er skrevet i deres hjerter, idet også deres samvittighet gir sitt vitnesbyrd, og deres tanker innbyrdes anklager eller også forsvarer dem" (Rom 2, 14 – 15)

" For dersom du med din munn bekjenner at Jesus er Herre, og i ditt hjerte tro at Gud oppvakte ham fra de døde, da skal du bli frelst;" (Rom 10, 9)

" For deres løser er sterk, Jesus Kristus, han skal føre deres sak, din sak, verdens sak, mot deg, djevelen." (Ordspr 23, 11)

" For Herren skal føre, menneskene, verdens sak." (Ordspr 22, 23)

Løseren fra Golgata
Når verden ser deg, den nye skapningen, ser de "løseren fra Golgata", den ser "svaret", den ser Kristus i deg. Du vet at det du forkynner, ja proklamerer er sannheten, fordi du selv har mottatt den. Du har blitt sannheten, sannheten er i deg, Kristus er i deg.

" Filip kom da ned til en by i Samaria og forkynte Kristus for dem.

Og folket ga sendrektig akt på det som ble sagt av Filip, idet de hørte og så de tegn som han gjorde.

For det var mange som hadde urene ånder, og de forut av dem med høye skrik, og mange verkbrudne og vanføre ble helbredet." (Apg 8, 5 - 8)

Alle kan få det
Dette er slik jeg har opplevd det over hele verden i alle år. Jeg forkynner det evangeliet jeg selv tror sterk på. Når mennesker ser jeg tror det jeg proklamerer og de ser mennesker blir satt fri, så vil de ha det som jeg har. Det fantastiske er at

det jeg har er gratis og alle kan få det. Hør på dette.

" En mann vanfør fra morsliv av ba om en almisse av Peter.

Men Peter så skarpt på ham sammen med Johannes og sa: Se på oss!

Han ga da akt på dem, for han ventet å få noe av dem.

Men Peter sa: Sølv og gull eier jeg ikke; men det jeg har, det gir jeg deg: I Jesu Kristi, Nasareerens navn, stå opp og gå!

Straks fikk hans føtter og ankler styrke."
(Apg 3, 1 - 8)

" Paulus sa: Ja, jeg akter og i sannhet alt for tap, fordi kunnskapen om Kristus Jesus, min Herre, er så meget mer verd, han for hvis skyld jeg har lidd tap på alt, og jeg akter det for skarn, for at jeg kan vinne Kristus." (Filip 3, 8 - 14) Slå opp og les alle versene.

Vi er det sanne" Kulturhuset"

Vi trenger ikke gå på kultur kurs for å kunne nå mennesker på rett måte. Vi er det sanne" kulturhuset", Vi passer inn i enhver kultur med vårt budskap. Vi har fått" boka" fra Gud, som er skreddersydd for alle mennesker i alle kulturer. Vi har" kulturboka", Bibelen. Lev fylt av" kultur boka", så blir du kulturell på Guds måte. Vi har budskapet som når inn til alle mennesker. Det er i oss og igjennom oss, til de som er rundt oss.

" Eller vet dere det ikke, at deres legeme er et tempel for den Hellige Ånd." (1 Kor 6, 19)

" For Kristus har ikke utsendt meg for å døpe, men for å forkynne evangeliet, ikke med vise ord, for at Kristi kors ikke skulle tape sin kraft.

Ordet om korset er vel en dårskap for den som går fortapt, men for oss som blir frelst, er det en Guds kraft." (1 Kor 1, 17 – 18)

Paulus sier videre i 1 Kor 2, 2 - 5" Jeg vil ikke vite noe annet iblant dere uten Jesus Kristus og han korsfetet.

Og jeg var hos dere i skrøpelighet og i frykt og skjelvende.

Og min tale og forkynnelse var ikke med visdoms overtalende ord, men med ånds og krafts bevis.

For at deres tro ikke skulle være grunnet på menneskers visdom, men på guds kraft."
(1 Kor 2, 2 - 5)

Satan og demonene kan vi handtere, men de kan ikke handtere oss
Satan og demonene vet de må gå, når vi kommer.

" Og da den besatte så Jesus langt borte, løp han til og falt ned for ham,

Og ropte med høy røst: Hva har jeg med deg å gjøre, Jesus du den høyeste Guds sønn? Jeg besverger deg ved Gud at du ikke må pine meg."
(Mark 5, 6 – 7)

Slik ser Satan og demonene deg – som en kjærlighetens overvinner

" Den blodsottige kvinnen sa: Kan jeg få røre, om det så bare er ved hans klær, så blir jeg helbredet." (Mark 5, 28)

Slik ser verdens vidunderlige mennesker på deg – som troen, håpet og kjærlighetens budbærere.
Elsk verden og den vil elske deg.
Få verden til å tro budskapet og den vil ha det.

21

Du er kjærlighetens budbringer

Hvor fagre er på fjellene dens føtter som kommer med" gledes bud". Som forkynner" fred", som bærer" gode nyheter", som forkynner" frelse"...." (Jes 52, 7)

Er ikke dette vakkert fremlagt. Du kjenner kjærlighetens praktiske virkelighet komme til deg, bare ved å lese dette verset. Tenk å møte denne "poeten", proklamatøren som kommer med "livets" budskap. La det være deg som kommer. Vi leser noen bibelsteder som stadfester dette.

Potensialet for den gjenfødte

" Gud er kjærlighet." (1 Joh 4, 8)

" Gud er ånd." (Joh 5, 28)

" Guds kjærlighet er utøst i våre hjerter ved den Hellige ånd." (Rom5,5)
Utøst I våre hjerter," som er de troendes hjerter", ved den Hellige Ånd

" Den som tror på meg som skriften har sagt, av hans liv skal det renne strømmer av levende vann." (Joh 7, 38)

Som du ser av dette verset, er det ting som må oppfylles, iverksettes fra din side, for at dette skal fungere for deg. Det er at vi på tro på Kristus som skriften har sagt. Det er helt klare retningslinjer for hva som må gjøres, for å bli født på ny. Når du er født på ny, er du på starten på et helt nytt liv igjen. Denne gangen ikke i kjødet, men i ånden.
Her kommer oppstarts manualen

Paulus gir denne til romerne, hør" Dersom du med din munn bekjenner Jesus som Herre, og i ditt hjerte tror at Gud oppvakte Ham, Jesus ifra de døde, da skal du bli frelst;" (Rom 10, 9)

I
Jesus som Herre
Jesus må bli Herre i ditt liv. Han må få full kontroll over deg. Det får han ved at du adlyder det skrevne Guds Ord. Dette tar lang tid, men har en begynnelse. Det skjer ved at du omvender deg fra de tidligere livs kontroll systemer igjennom sansen og rundt til Jesus og Bibelens ord.

II
Tro Gud oppvakte Jesus ifra de døde
Dette kan du tro hvis du vil, alt styres med viljen. Les vers som jeg tidligere har forklart, Forkynneren 3, 11 og Efeser brevet 2, 8. Dette er nøkkelvers i denne sammenheng.

III
Du blir født på nytt, du er en ny skapning.
Er dette på plass i ditt liv, så er du født på ny. Du har blitt en ny skapning i Jesus Kristus. Dette leser du i 2 Kor 5, 17. Jeg har referert til det tidligere.

Kjærlighetens vell – kjærlighetens brønn er i deg

" Dersom dere blir i meg, og mine ord blir i dere, da be om hva dere vil, og dere skal få det."
(Joh 15, 7)

Du er i kjærligheten og kjærligheten er i deg.

"Dersom dere holder mine bud, da blir dere i min kjærlighet, likesom jeg har holdt Faders bud og blir i Hans kjærlighet." (Joh 15, 10)

Her ser vi den" født på ny" personligheten som har begynt å fylle seg med Guds Ord, som du må gjøre. Det som da vi skje deg er som det skjer her. Forvandlingsprosessen av deg er i gang, til å bli Kristus mer og mer lik.

Du er i kjærligheten – kjærligheten har blitt i deg

Kristus gjorde det samme for hele verden, som han gjorde for deg

La kjærligheten flyte
" Jesus sa til Fariseerne: **Du skal elske Herren din Gud av alt ditt hjerte og av all din sjel og av all din hu.**

Dette er det største og første bud.

Men det er et annet som er likeså stort: **Du skal elske din neste som deg selv.**

På disse to bud hviler hele loven og profetene." (Matt 22, 37 – 40)

Frukten av vers 37 er vers 39 Din innstilling til deg selv, hva du setter pris på i ditt eget liv. Ikke noe annet en det du selv har, som det viktigste i ditt liv, kan du gi videre. Ikke noe annet enn det du ser og er i deg selv.

Dresset opp i kjærlighet
La verden få seg seg selv, slik den er ment å være, la den få se det i deg. Det kan du, ved å være den du er i Kristus, kledd opp i kjærlighetens klær.

Fangene i fengselet på Sri Lanka
Det sjokkerte meg, reaksjonen jeg fikk av fem hundre fanger i fengselet under og etter budskapet mitt til dem i fangegården. Jeg ble avbrutt av høye rop av glede og klapping.
De ropte vi vil ha det, vi vil ha hva du har.

Kjærligheten kom imot meg fra fem hundre fanger

Kjærlighet smitter, enten gir det samme farge eller motsatt. De som tar imot får den, de som ikke vil ha den, blir mørkere enn de har vært tidligere. Men i Guds nærvær har de fått oppleve Guds kjærlighet, håp, glede, entusiasme og frigjørende kraft til hele mennesket.

" Min sønn! Akt på mine ord, bøy dit øre til min tale!

La dem ikke vike fra dine øyne, bevar dem dypt i ditt hjerte!

For de er liv for hver den som finner dem, og legedom for hele hans legeme."
(Ordspr 4, 20 – 22)

" Hold fast ved min tilrettevisning, slipp den ikke! Bevar den, for den er ditt liv."
(Ordspr 4, 13)

" La ikke kjærlighet og trofasthet vike fra deg, bind dem om din hals, skriv dem på ditt hjertets tavle!

Så skal du finne nåde og få god forstand i Gud og menneskers øyne.

Sett din lit til Herren av hele ditt hjerte, og stol ikke på din forstand!

Tenk på Ham på alle dine veier! Så skal han gjøre dine stier rette.

Vær ikke vis i egne øyne, frykt Herren og vik fra det onde!

Det skal være legedom for din kropp og gi ny styrke til dine ben." (Ordspr 3, 3 – 8)

Dette er ditt liv
Hva er ditt livs verdi? Det er den prisen Kristus betalte for deg, da han ga sitt liv for deg i sin livs vandring på jorden og på Golgata kors, der ha ga sitt liv og sitt blod for renselse av dine synder, arve synden som hadde hengt med deg siden du ble født.

"For så har Gud elsket verden, at han ga sin egen sønn den enbårne, for at hver den som tror på ham, ikke skal fortapes, men ha evig liv;"

(Joh 3, 16)

Er ikke dette fantastisk, du er fri hvis du vil bli fri. Når du forstår dette, er ditt revolusjonert av det nye livet. Kristus har gjort det samme for deg, som han har gjort for hele verden. Kristus ga sitt liv for oss i kjærlighet, så vi skal leve for Ham i verden i kjærlighet.

Er du glad?
" Gleden i Herren er vår styrke." (Neh 8, 10)

Fri – til å gi
" Peter sa: Det jeg har, det gir jeg deg."
(Apg 3, 6)

" Jesus sa: Er det ved Guds Ånd jeg driver ut de onde ånden, da jo Guds rike kommer til dere."
(Matt 12, 28)

Kjærlighetens rike
Våre verdier innfor Guds rike er lik for alle som er født på ny, du må bare gripe, gjøre det til ditt i Jesu navn. Satan vil forsøke hindre deg i å få tak på alt som er dine rettigheter. Det kan han ikke gjøre hvis du vil ta dine rettigheter i Kristus ut.

I kjærlighetens rike, er ingen like, men alle har Guds standard og verdi. Gud hard en samme omsorg for deg og alle andre. Det fantastiske med Gud, er at han har mer enn nok tid, alltid, til hver enkelt en av oss. Dette vil vi ikke forstå fullt ut før vi er over i de himmelske boliger.

Kjærlighet er hva verden trenger – Vi kan ikke vente lenger. La kjærlighetens bro få gro – Imellom deg og dem lokk verden frem – La verden få smile – La den få le – den fortjener det.

22

Elsk din neste som deg selv

" Gud viser sin kjærlighet mot oss derved at Kristus døde for oss mens vi ennå var syndere." (Rom 5, 8)

" For så har Gud elsket verden at han ga sin sønn den enbårne, for at hver den som tror på Ham ikke skal fortapes, men ha evig liv." (Joh 3, 16)

Hvordan kunne en Gud som er ren og fullkommen – elske en syndig verden?
Gud hadde skapte jorden og alt som på den er. Gud skapte menneskene som sine mest ypperste skapninger. Han gjorde det for å ha noe og utøse sin Guddommelige kjærlighet over.
Mennesket var ulydig imot Gud, men det hindret ikke Gud i å elske det han hadde skapt. Han måtte derimot finne en løsning, for å bringe mennesket tilbake i felleskap med seg uten ulydighetens ødeleggende skygger.

Gud skapte mennesket

"Og gud sa: La oss gjøre mennesker i vårt bilde, etter vår lignelse, og de skal råde over fiskene i havet og over fuglene under himmelen og over feet og over all jorden og over alt kryp som rører seg på jorden.

Og Gud skapte mennesket i sitt bilde, i Guds bilde skapte han det; til mann og kvinne skapte han dem.

Og Gud velsignet dem og sa til dem: Vær fruktbare og bli mange og oppfyll jorden og legg den under dere, og råd over fiskene i havet og over fuglene under himmelen og over hvert dyr som rører seg på jorden." (1 Mos 1, 26)

Mennesket var ulydig imot Gud

" Da sa Gud Herren til kvinnen: Hva er det du har gjort! Og kvinnen sa: Slangen dåret meg, og jeg åt.

Da sa Gud Herren til slangen: Fordi du gjorde dette, så skal du være forbannet blant alt feet og blant alle de ville dyr. På din buk skal du krype, og støv skal du ete alle ditt livs dager.

Samtidig som Gud måtte gi en dom, kom Gud allerede her med løsningen for dommen

Men den skulle ikke komme før 4000 år senere, men løsningen kom og mennesket fikk full oppreising, som Gud allerede her taler om.

" Og jeg vil sette fiendskap mellom deg og kvinnen og mellom din ætt og hennes ætt; den skal knuse ditt hode, men du skal knuse dens hæl."
(1 Mos 3, 13 – 15)'

" Han reiser den ringe av støvet, løfter den fattige av skarnet for å sette ham os fyrster og gi ham et ærefullt sete …" (1 Sam 2, 8)

" Herren er opphøyet over alle hedninger, hans ære er over himmelen.

Hvem er som Herren vår Gud, han som troner så høyt,

Som ser så dypt ned, i himmelen og på jorden,

Som reiser den ringe av støvet, opphøyer den fattige av skarnet,

For å sette ham hos fyrster, hos sitt folks fyrster." (Salme 113, 4 – 8)

Løsningen kom i Guds egen sønn Jesus Kristus

" han som da han var i Guds skikkelse, ikke aktet det for et rov å være Gud lik,

Men av seg selv gav avkall på det og tok en tjeners skikkelse på seg idet han kom i menneskers lignelse.

Og da han i sin ferd var funnet som et menneske, fornedret han seg selv, så han ble lydig inntil døden, ja korsets død." (Fil 2, 6 – 8)

Løftet kom til Abraham etter syndefallet og Kristus kom med oppfyllelsen av løftet.

" Og Herren sa til Abraham: Jeg vil at din ætt skal bli som støvet på jorden, kan noen telle støvet på jorden, så skal også din ætt kunne telles." (1 Mos 13, 16)

Hvilket løfte som da kom i oppfyllelse i Kristus. Jesus åpnet døren for den nye fødsel av en ny type mennesker. Gude typen, Jesus folket, kjærlighets typen, den nye skapningen.

" Gud er kjærlighet" (1 Joh 4, 8)

Det vi" har" og" er" - kan vi gi videre
Gud kunne ikke gi annet enn det han "er", slik vil det også være med oss som nye skapninger i Kristus Jesus. Det vi" har" og det vi "er" kan vi gi videre.

" Dere elskede, har Gud elsket oss, da er vi skyldige å elske hverandre.

Ingen har noensinne sett Gud, **dersom vi elsker hverandre, blir Gud i oss, og kjærligheten til Ham, er blitt fullkommen i oss."**
(1 Joh 4, 11 - 12)

Gud vet vi ikke kan produsere kjærlighet fra vår sjel og ånd før han kommer inn.

" For alt det som er født av Gud, seirer over verden, og dette er den seier som har overvunnet verden, vår tro." (1 Joh 5, 4)

" Han, Kristus, som er avglansen av hans, Guds herlighet og avbildet av hans vesen." (Heb 1, 3)

" Gud er kjærlighet" (1 Joh 4, 8)

" Gud er ånd" (Joh 4, 24)

" Jesus sa: Du skal elske Herren din Gud av alt ditt hjerte (sjel og ånd), av all din sjel og av all din forstand.

Dette er det første og det største bud.

Et annet som er like stort, du skal elske din neste, som deg selv." (Mat 22, 37 – 39)

Vi ser kjærligheten er dypet i den Hellige Ånd og derfor er det vi må fokusere på. Vi skal fokusere på kjærligheten Guds vei, den veien Guds ord ber oss gjøre det.

Elsker du Gud, elsker du deg selv, elsker du deg selv, elsker du din neste. Dette er åndelige lover som fungerer.

" Jesus sa til Fariseerne: Er det ikke derfor dere farer vill, fordi dere ikke kjenner skriftene og heller ikke Guds kraft." (Mark 12, 24)

Fariseerne hadde teologisk kunnskap nok, men de hadde ikke det nødvendige, nemlig en personlig kjennskap til Guds ord. Dette gjør den evighets perspektivets forskjell.

To forskjellige verdener
Dette er to forskjellige verdener, sinnets verden og Guds Ånds verden. Å forstå hva Gud er, er og forstå hva hans ord sier.

" Og skikk dere ikke lik med denne verden, men bli forvandlet ved fornyelsen av deres sinn …" (Rom 12, 2)

" Men vi som med et utildekket åsyn skuer Herrens herlighet som i et speil, vi blir alle forvandlet til det samme bilde fra herlighet til herlighet, som av herrens Ånd." (2 Kor 3, 18)

" For å hellige menigheten, i det han renset den ved vannbadet i ordet…" (Ef 5, 26)

I Guds finner du, at du er stor og viktig. Like stor å viktig som alle andre mennesker på jorden. Du er Guds aller beste. Mer du lærer å kjenne det skreve Guds Ord, mer vil du lære å kjenne hvem du er, du lærer og leve som den du er. Da vil dy begynne å fortelle andre at de kan bli som du har blitt, du forteller de at de er like viktige som det du er.Dette er et fantastisk budskap å bringe ut til menneskeheten. Om alt har falt i grus, så har Kristus reist oss opp til verdighet igjen. Når du ser din egen verdi, vil du elske å fortelle andre at de har den samme verdi. Da er du en overvinner i Kristus. Din livsstil har blitt som en "Guds beste" – gi det til din neste. Mer du ser hva du er, mer kan du gi videre. **Du kan ikke redde en fattig ved å være fattig – men du kan redde en fattig ved å være rik.**

Mennesker ser negativt på seg selv og vil ha andre med seg ned i det samme negativ.

" Vet dere ikke at en liten surdeig, syrer hele deigen." (1Kor 5, 6)

Godta ikke surdeigstankene fra Satan som kommer som piler" Ef 6, 16)

" Og du gjorde ham lite ringere enn Gud, med ær og herlighet kronte du ham.

Du gjorde Ham til hersker over dine henders gjerninger, Alt la du under hans føtter." (Salme 8, 6 - 7)

Du er stor, løft andre opp til det samme nivå. Som Guds storhets skapning, kjærlighets skapning. Du er den som kan gjøre dette. Gi mennesker det kjærlighets løftet de trenger.

23

Tro, håp og kjærlighet

" Men nå blir de stående disse tre, **tro, håp og kjærlighet**, og størst blant disse er **kjærligheten**." (1 Kor 13, 13)

På forklarelsens berg var Peter, Jakob og hans bror Johannes, så skjer denne hendelsen.

" Da tok Peter til orde og sa til Jesus: Herre, det er godt at vi er her, vil du, så skal jeg gjøre tre boliger her, en til deg og en til Moses og en til Elias.

Mens han ennå talte, se, da kom det lysende sky og overskygget dem, å se, det kom en røst ut av skyen som sa: dette er min sønn, den elskede, i hvem jeg har velbehag, hør ham.

Og da disiplene hørte det, falt de ned på sitt ansikt og ble meget forferdet.

Og Jesus gikk bort og rørte ved dem og sa: Stå opp og frykt ikke.

Men da de så opp, så de **ingen uten Jesus alene**." (Matt 17, 4 – 8)

" Jesus sa: Jeg er veien sannheten og livet." (Joh 14, 6)

Jesus er veien, sannheten og livet, ja han er virkeligheten. En ting er å ha kunnskap om virkeligheten. Det er å ha virkeligheten, teologien om den. Men vi må bli virkeligheten. Det er en nødvendighet hvis virkeligheten skal bli virkelig for oss, i oss og igjennom oss til menneskeheten rundt oss.

Det kan den bli
Hør på dette Bibel ord

" Kunnskapen oppblåser, men kjærligheten oppbygger." (1 Kor 8, 1)

" Men somme er blitt oppblåst, i den tanke at jeg ikke skulle komme til dere;

Men jeg kommer snart til dere, og Herren vil, og får da lære å kjenne ikke bare ordene, men kraften hos den som er oppblåst;

For Guds rike består ikke i ord, men i kraft."
(1 Kor 4, 18 – 20)

Paulus skriver til Filipensene" Så jeg kan få kjenne Ham, Kristus, og kraften av hans oppstandelse og samfunnet med hans lidelser, idet jeg blir gjort lik med ham i hans død,

La oss da så mange som er fullkomne (født på ny), ha dette sinn; og om dere er annerledes sinnet i noe, da skal Gud også åpenbare dere dette;

Bare at vi, så langt som vi er komet, holder frem i samme spor!"

" Så jeg kan få kjenne Ham og kraften av hans oppstandelse og samfunnet med hans lidelser, idet jeg blir gjort like med Ham i hans død,

La oss så mange som er fullkomne, ha dette sinn; og om dere er annerledes sinnet i noe, da skal Gud også åpenbare dere dette;

Bar at vi, så langt som vi er kommet, holder frem i samme spor!" (Fil 3,10 og 15 – 16)
Du kan bli et finslipt redskap for himlenes rike på jorden.

Såmannen
La oss se på lignelsen om de 4 forskjellige" jordsmonn". Noe ble sådd ved veien, noe ble sådd på steingrunn, noe ble sådd blant torner og til slutt, noe ble sådd i god jord. Jeg tar med et vers fra lignelsen.

" Hver gang noen hører ordet om riket og ikke forstår det, kommer den onde å røver det som er sådd i hans hjerte(ånd), dette er det som ble sådd ved veien." (Matt 13, 19)

De 3" jordsmonn" som mistet livet
Det er flere viktige sider å ta frem fra denne lignelsen, men jeg vil nevne en. Hør på dette. Alle" jordsmonn" hørte ordet som ble forkynt. Tre av de "jordsmonn fikk ordet røvet fra sine hjerter (ånd) av den onde, selv om de i utgangspunktet tok imot ordet.
Omstendighetene i livene deres og tanke pilene fra Satan, gjorde at de ga etter. De mistet det

Herren hadde gitt dem. De mistet frelsen med alt den innehar av muligheter.

Den gode jord
Det var et jordsmonn som ikke ga etter, men hadde sine øyne festet på Guds ord. Den gode jord lot ordet få være det første og styrende i livet, uansett hva omstendigheter og Satans piler sa.

Gud gav oss" noen til"" Ef 4, 11) – det står ikke tjeneste gaver
Jeg tar med disse Bibelsteder i fra Paulus brev til Efeserne. " Tjeneste gave". Det er et uttrykk som ofte blir brukt. Man kan høre spørsmål komme som – hvilken tjenestegave har du? Den riktige benevnelsen er:

Han, Gud Jehova ga oss noen til...

" Og det er han som ga oss noen til Apostler, noen til profeter, noen til evangelister, noen til hyrder og lærer,

For at de hellige (de gjenfødte overgitte) kunne bli fullkommengjort til tjenestegjerning, til Kristi legemes oppbyggelse,

Inntil vi alle når frem til enhet i tro på Guds sønn og kjennskap (ikke kunnskap) til Ham, til manns modenhet, til aldersmålet for Kristi fylde,

For at vi ikke lenger skal være umyndige og la oss kaste og drive om av ethvert lærdoms vær ved menneskers spill, ved kløkt i villfarelsens kunster,

Men at vi i sannheten tro i kjærlighet, i alle måter skal vokse opp til Ham som er hodet, Kristus." (Ef 4, 11 – 15)

Jeg vil også ta med vers som omhandler det samme i fra 1 Korinterbrev 12, 28.

" Og Gud satte i menigheten først noen til apostler, for det annet profeter, for det tredje lærere, så kraftige gjerninger, så nådegaver til å helbrede, til å hjelpe, til å styre, forskjellige slags tunger." (1 Kor 12, 28)

Her ser vi Paulus skrive det litt annerledes, han skriver, "Gud satte i kirken"

I brevet skrev Paulus til efeserne, "Gud ga oss noen" La oss se på hva som er skrevet her i Korinterne, "Gud satte i kirken."

Gud satte inn kirken (1. Kor. 12, 28)
Først noen til apostler.
For det andre profeter,
For det tredje lærere (instruktør, gresk),
Så kraftige gjerninger.
Så elskverdige gaver (flertall) å lege,
Å hjelpe,
For å kontrollere,
Ulike typer tunger.

Her nevnes mektige gjerninger, nåder (flertall) for å leges, Her blir ikke hyrden nevnt, men "for å hjelpe", "å styre", "forskjellige slags tunger".

Gud ga oss noen (Ef 4,11)
apostler,
noen til profeter,
noen til evangelister,
noen til hyrde (ikke leder i samfunnet, men hjelper til med "flokken" og læreren (instruktør, gresk)

Jeg tror det er av største viktighet å være forsiktig med betegnelsen på de forskjellige tingene som er nevnt her.
Når det gjelder Herren og hans ord, er detaljene viktige. Det er 100% nødvendig at kunnskapen om åpenbaring er til stede slik Gud vil i de forskjellige oppgavene. Ellers vil det være en død proklamasjon.

NB, NB
Åndelige ledere og hyrder som "kommandører og kontrollører" i kirken Det er ikke nevnt noe om denne oppførselen til en hyrde i Bibelen. På den annen side er det mange steder i Bibelen som vi finner ydmykhet, kjærlighet, et tjenende sinn som å være eksemplet og egenskapene til en ekte «Hyrde». Kristus selv er det aller beste eksemplet her.

De som vil oppleve at Gud bruker dem i en av de forskjellige oppgavene jeg har nevnt, må stå i rett holdning, basert på et overgitt liv til Kristus Jesus, med Åndens frukter som styrer ens liv. Hvis ikke det er slik, er du bare en destruktiv faktor, uansett hvor flink du er til å forkynne og fange folks interesse.

Vi fortsetter med "såmannen"
Frøets viktigste oppgave er å leve i åpenbaringskunnskap

Men som du har forstått er det en lang hard vei å komme inn til ditt personlige liv i åpenbarings kunnskap, som er en nødvendighet for ditt Åndelige liv.

Din oppgave er en frøets oppgave

Alle de forskjellige oppgavene som er ordnet for menigheten/Ecclesia/Kristi legeme er alle "frø" oppgaver, om enn på litt forskjellige måter. Det som forblir det kritiske punktet og det viktige poenget for "såmannen" er at såmannen er en person som har gått Guds vei med livet sitt, slik at som Paulus 'brev til Gal. 5, 16 - 22 blir en realitet i ens liv. Det er først når man har gått gjennom disse prosessene i ens liv at kunnskapen om åpenbaring begynner å vises i karakteren.

Predikanten var uten åpenbaring og porten for Satan var derfor åpen

Da "såmannen ikke forsto hva han forkynte, og heller ikke de som hørte hans forkynnelse, forsto det." Såmannens "forkynnelse" var uten åpenbaring. Dette var grunnen til at "jordsmonnet" som hørte forkynnelsen ikke forsto det, det var uten liv i det.

Det var grunnen til at Satan kunne stjele.
Det var igjen grunnen til at den onde kunne rane det som ble sådd i deres hjerter. "Jordsmonnene" ville ha det de hørte, men de forsto ikke. Så kom Satans brennende piler med manipulerende tale og frarøvet den av dem.

Livet i tredje og fjerde dimensjon
Den fjerde dimensjonen - Guds primære dimensjon, kjærlighets dimensjonen Dette er den åndelige dimensjonen til Guds Hellige Ånd. For å kunne ha din eksistens her, må du leve et overgitt, gjenfødt, ånds fylt liv med Gud.

La oss se hva Paulus 'brev til Ef. 3, 17 - 20 sier om et liv i 4-dimensjonen, dimensjonen til Den Hellige Ånd.

Kjærlighetsdimensjonen, den fjerde dimensjonen, Guds Hellige Ånd-dimensjon
Hvis du vil leve det sterke livet med Gud, så er dette stedet du må komme inn i og for alltid leve i.

"At Kristus må bo ved troen på deres hjerter,

Så at du er forankret og forankret i kjærlighet, må kunne forstå (forstå) med alle de hellige hvilken bredde og lengde og dybde og høyde det er,

Og kjenn kjærligheten til Kristus, som overskrider all kunnskap (sansekunnskap), slik at du kan bli fylt av all Guds fylde (kunnskap om åpenbaring).

Men han som kan gjøre mer enn noe, langt utover det vi ber eller forstår, i henhold til kraften som fungerer i oss, (Ef. 3, 17-20)

Den tredje dimensjonen
I den fysiske verdenen vi lever i, er en verden av tre dimensjoner. I denne dimensjonen trenger vi ikke mer enn tre måleenheter for å beregne en fysisk dybde.

Kan du se forskjellen mellom den tredje og den fjerde dimensjonen?
Den fjerde måleenhet I Bibelen som nevnt i versene vi nettopp har lest, ser vi det nevnes en fjerde måleenhet, nemlig «dybde». Her, i dybden, er det en forankring et rotfeste i

kjærligheten. Gjennom det tillegget skal vi da kunne forstå "dybden i dybden» En dybde som har en dybde som går evig dypere enn en fysisk dybde. Ikke bare kunnskap om, men forståelse av gjennom åpenbaring.

Jorden og verden er 2 forskjellige ting
Jordens 3 dimensjoner er det vi har på den fysiske planeten vi lever på, men vår verden er åndelig. Den fjerde dimensjonen er den åndelige verden. Her fungerer Den Hellige Ånd i den åndelige verden. De 4-dimensjonene, er ment av Guds Ånd for å kontrollere denne 3-dimensjonale planeten, jorden.

Vi vet at dette mislyktes - på grunn av Adam og Eva i Edens hage
Det er grunnen til at det er interesser i den åndelige verden, Satan og demonene, etter å få kontroll på planeten jorden og menneskene. **Her kommer krigen i ånden på banen.**

Å kjenne Kristi kjærlighet som overgår all kunnskap

Når vi har funnet dybden av kjærlighet, som overgår all kunnskap, har vi oppnådd grunnfestet og rotfestet i kjærlighet.

Dette er døråpnerne til virkeligheten i den åndelige verden gjennom ledelse av Den Hellige Ånd.

Her snakker vi om Den Hellige Ånds kunnskap som er sterkere og langt mer forståelig enn sanse kunnskap, 3-dimensjonal menneskelig kunnskap. Her mottas visdom og visdom fra Gud Jehova, en kunnskap i og fra den 4-dimensjonen, den Hellige Ånds verden, Gud Javes verden.

Dette er da tilgjengelig for de som er født på nytt som lever sine liv overgitt til Kristus i henhold til bibelens retningslinjer. Jeg skriver mer om dette i boken min "Gjennombrudd i åndens verden"

Legg dette i din åndelige tankeboks
Hør på dette:
"Hvis jeg har tro, så jeg kan flytte fjell, men ikke har kjærlighet, så er jeg ingenting."
(1. Kor 13, 2)

"Den som ikke elsker, kjenner ikke Gud."
(1. Johannes. 4, 7 - 8)

Når forstår du dette.
Vi ser videre.

"Mange vil fortelle meg den dagen. Herre,
Herre, vi har ikke talt profetisk med ditt navn, og
utdrevet onde ånder med ditt navn.
og gjort mange mektige gjerninger ved ditt navn.

Og så vil jeg vitne for dem: Jeg har aldri kjent
deg, gå bort fra meg, dere som gjorde galt.
"(Matt. 7:22)

Den guddommelige kjærligheten manglet, nå forstår du dette også.

2 4

Vinden av den nye type vinnere

De åndelige krigerne
" Vinden blåser dit den vil, og du hører den suser, men du vet ikke hvor den kommer fra, og hvor den fører hen." (Joh 3, 8)

" Likeså lite som du vet vor vinden farer, eller hvordan benene dannes i den fruktsommelige kvinnes liv, like lite ved du hva Gud vil gjøre, han som gjør det alt sammen." (Fork 11, 5)

" Han som fører....vinden ut av sitt forråds hus, skattkammer." (Salme 135, 7)

" For så mange som drives av Guds Ånd, er Guds barn." (Rom 8, 14)

" Den som har øre, han høre hva Ånden sier til menigheten (eklesia, gresk), den som seirer...." (Åp 2, 7)

Eklesia fra gresk betyr, de utvalgte, de som møtes/samles på torgene, i latinsk Bibeloversettelse, Koinonia som betyr fellesskapet.
Vi du leve ditt liv som en Guds kriger, så må du komme til punktet at Guds Ånd kan få lede dit liv.

Paulus sier:" Men jeg sier: Vandre i Ånden, så skal dere ikke fullbyrde kjødets begjæringer (sansenes lyst). For kjødet begjærer, lyster imot Ånden, og Ånden imot kjødet, lystene, de står hverandre imot, så dere ikke skal gjøre det dere vil.

Dersom vil lever i Ånden, da la os vandre i Ånden." (Gal 5, 16 – 17)

Et liv i Guds virkelighet
Har du kommet til det punktet i ditt liv, at du har fått og lever i et intimt forhold med Guds Åndelige virkelighet. Du har fått et personlig forhold til Faderen, sønnen og den Hellige Ånd. Du lever i en Åndens virkelighet som alltid er ledet av det skrevne Guds ord, Bibelen. Uansett hva du måtte møte av åndelig virkeligheter, vil det være satanisk og demonisk, hvis ikke det

stemmer nøyaktig overens med det skrevne Guds ord, Bibelen.

Har du begynt å få erfaringer i denne åndelige virkelighet – blir det fysiske livet sett på med andre øyne
Har du det? - vil din verden, som er åndelig, men levende gjort fysisk på jorden, litt etter litt bli forvandlet, fordi du har fått se et annet perspektiv på livets virkelighet.
Du og den blir forvandlet på grunn av din kjennskap til åndens verden og Guds Ånd i åndens verden. Du har bevisst begynt å bevege deg i to dimensjoner den tredje dimensjon og den fjerde dimensjon bevisst samtidig.

Den fjerde dimensjon, Guds Ånds dimensjon. Den nye type vinneres dimensjon.

I Paulus brev til Galaterne kan vi lese om en del av kjødets gjerninger. Ta og les Gal 5, 19 – 22.

Det første seriøse skrittet som må gjøres
Skal vi kunne få inngang og kommunikasjon i den åndelige verden. Må det som dere nå leste om kjødets gjerninger, og eventuelle andre ting i

ditt liv som ikke er Gud til behag omvendes ifra. Dette er det første seriøse skrittet som må gjøres. Det kan ta tid før du får dette til.
Dette er en kamp du må seire i for å komme videre.

Søk Gud – Han har gitt deg et vidunderlig løfte her

Har du seiret her, må du søke Gud, du må søke til du finner ham. Dette har vi løfter på av Gud vil gå til seier. Gud sier" Den som søker meg, skal finne meg."

Nå er du på et ukjent område. Et område hvor du må kjempe deg igjennom til seier alene. Dette kan ta lang tid. Jeg snakker ikke om timer, men uker, ja måneder. Litt etter litt vil du lære hva som fungerer og hva som ikke fungerer. Alt som fungerer, vil alltid stemme overens med det skrevne Guds ord, Bibelen. Her er ikke rom for kjødet som vil spille teater om at ting er fra Gud. Nå snakker vi om å komme inn i en åndelig verden på en virkelig måte.

Det koster alt

Er du ikke villig til å satse og la det koste alt det måtte koste deg, vil du ikke klare det. Dette er en sak som du må få orden på i ditt felleskap med Gud helt alene. Det er jo dette Kristendom dreier seg om, forholdet imellom deg og Jesus. Her finnes ingen mellommann, som ikke ville være annet enn ødeleggende for deg i ditt gryende forhold til Guddommens treenighet.

Bibelen er ditt fundament

" I begynnelsen var Ordet, Ordet var hos Gud, og Ordet var Gud." (Joh 1, 1)

" Og Ordet ble kjød og tok bolig iblant oss, og vi så hans herlighet – en herlighet som den enbårne sønn har fra sin far, full av nåde og sannhet." (Joh 1, 14)

Ser du sammenhengen, ser du storheten, langt utover vår forstand

Kristus iblant oss i kjødet, som et menneske, men bærende av Gud i seg, eller Gud i Kristus bar ham. Samtidig var Gud der ute i åndens verden og videre ut på de himmelske områder. Dette er kjærlighetens Gud, hans vind kjennes alle steder. Det er han som har skapt alle ting, gitt alle type så korn i jord og i kjød. Det er han som får det til å gro. Det er Guds åpenbarings sæd, åpenbarings vanning som gir det åpenbarte liv i alle ting. Det som er av Gud, er alltid i linje med det skrevne Guds ord, Bibelen. Hør på dette Bibel vers.

" Jesus sa: Det er Ånden som gjør levende, kjødet hjelper ingenting, de ord som jeg har talt til dere er Ånd og de er liv." (Joh 6, 63)

Jesus sa videre" For jeg er kommet ned fra himmelen, ikke for å gjøre min vilje, men for å gjøre hans vilje som har sendt meg." (Joh 6, 38)

Vi må være Ordets folk," Bokas" folk, boken hvor Guds vind blåser til liv i alle ting.

" Min sønn, akt på mine ord, bøy ditt øre til min tale!

La dem ikke vike fra dine øyne, bevar dem dypt i ditt hjerte!

For de er liv for hver den som finner dem, og legedom for hele hans legeme. Bevar ditt hjerte fremfor alt det som bevares, for livet utgår fra det." (Ordspr. 4, 20 – 23)

Hør videre. " Uten åpenbaring forgår folket, men lykkelig er den som holder loven, Guds ord." (Fork 29, 18)

"Peter sa: Sølv eller gull har jeg ikke, men det jeg har det gir jeg deg." (Apg 3, 6)

Peter adlød ordet og gikk med Ånden. Det samme kan du gjøre i en enda sterkere grad, for vi har det skrevne Guds ord og to tusen års erfaring på Guds ord og ta av.

Få dem til å tro det

Ved troens handlinger, frimodighet, djervhet, tøffhet, «opplever vi»
Det er på dette punktet svarene på bønnene får en bråstopp. Det er tragisk å møte kristne som burde forstå dette, men feighet har fått dem til å gjemme djervheten under teppet. De tør ikke kaste seg på. Det kan jo skape riper i stoltheten. Da er det enklere å komme med noe velformulerte uttrykk fra Bibelen for å forsøke å rettferdiggjøre seg selv og stoppe den frimodige og djerve. Det får man høre: Du må være mer kjærlighets full, du må vise forståelse og med-

følelse, du må ikke være så hard. Dette er vanlige utsagn fra den «vantro ligaen.»

Hva vil du?
Med denne type innstilling, er det helt umulig å få en levende bønne besvarende liv. Et liv med Gud Fader og hans sønn Jesus Kristus og veiledning via den Hellige Ånd. Du vil automatisk litt etter litt falle helt ut av troen. Den som en gang var født på ny, er det ikke lenger, men har endt opp som en religiøs kristen, som tror alt er i orden.
Kast ikke bort din djervhet, den har stor lønn! (Heb.10, 35)

Med stor frimodighet, djervhet
«Og nå Herre, hold øye med deres trusler, og gi dine tjenere å tale ditt ord med stor frimodighet, djervhet, tøffhet og visdom,
Idet du rekker din hånd ut til helbredelse og til tegn og undergjerninger ved din hellige tjener Jesu navn.» (Apg. 4, 29-30)

Satans motløshetens tankepiler

«Og om det er en djerv mann, med et hjerte som en løve, så vil han likevel bli motløs.» (2 Sam. 17, 10)
Satans tankepiler med motløshet vil alltid angripe deg, men vi løfter troens skjold av djervhet, vi godtar aldri Satans angrep, vi kjenner hans strategi og går seirende ut – alltid.

Få dem til å tro det – Det er seier – alltid
Gud velsigne deg.
Tom Arild Fjeld

«I dette er min far herliggjort at dere bærer mye frukt, og dere skal bli mine disipler. « (Joh. 15, 8)

Gjør deg klar og oppfyll din del av befalingen.

2 5

Refleksjon

Det jeg sitter igjen med etter å ha skrevet denne boken, er et ønske om å se Guds vitner reise seg uredde imot Satan og demonenes angrep på et hvert sted. Vantroen og frykten finner vi i mange kristne og det er tragisk. De troendes jobb er ikke å" arbeide" med de vantro og fryktsomme, da ender vi opp med å dra i åk med vantroen. Vår jobb er å få evangeliet med overbevisning og tro ut til de som vil ha det, befalingen får vi av Jesus i Markus 16, 15. Dette er det så begeistrende å vite av mange års erfaring og troens overbevisning ut ifra Bibelens åpenbaring på det skrevne Guds Ord.

Mitt ønske er at boken skal bli brukt som en treningsbok, en instruksjonsbok for deg, når du gjør dine åndelige treningsøvelser, slik at du kan bli en sterk troende med smitte effekt og kraft til verden rundt deg. " Få dem til å tro det"

26

Tidligere utgitte bøker av Tom Arild Fjeld

Hvordan motta frelsens mirakel norsk, Bulgarsk, Rumensk, Gassisk og engelsk
Hvordan motta helbredelsens mirakel
Bli født på ny (på rumensk)
Et nytt liv (Telegu; indisk språk) Spesielt skrevet til 40 mill. indiske hindu enker.

Bøker nylig utgitt av Tom Arild Fjeld
Kraften vinner krigen
Få lausbikkja ut (Norsk og engelsk)
Den skjulte verden

Dressa opp for seier
En kriger for Kristus
Slagkraft i åndens verden
Seier over Satan
På Barrikaden
Mer enn en overvinner

Virkelig fri
Gå ut i all verden

Han ga sitt liv – ingen kunne ta det (norsk, engelsk)
De guddommelige virkeligheter

1 Daglig gjennombrudd (3 mnd.)
2 Daglig gjennombrudd (3 mnd.)
3 Daglig gjennombrudd (3 mnd.)
4 Daglig gjennombrudd (3 mnd.)